꼬리에 꼬리를 무는

릴레이

그리스 로마 신화

일러두기
1. 책에 수록한 인물들의 이름은 외래어 표기법의 그리스어 표기 원칙을 따랐습니다.
2. 띄어쓰기와 맞춤법은 국립국어원의 기준을 따랐습니다.
3. 각 장 도입부의 〈계보에서 찾아보는 등장인물〉은 부모와 자식, 배우자, 형제자매 관계를 수록했습니다.
   다만 내용과 직접적인 연관성이 없거나 관련이 적은 배우자와 형제자매는 지면 관계상 생략했습니다.

꼬리에 꼬리를 무는
릴레이 그리스 로마 신화

1판 1쇄 발행 | 2011. 2. 23.
1판 9쇄 발행 | 2019. 11. 18.

이경덕 글 | 이우일 그림

발행처 김영사 | **발행인** 고세규
등록번호 제 4061-20031-036호 | 등록일자 1979. 5. 17.
주소 경기도 파주시 문발로 197(우10881)
전화 마케팅부 031-955-3100 | 편집부 031-955-3113~20 | 팩스 031-955-3111

ⓒ 2011 이경덕, 이우일
이 책의 저작권은 저자에게 있습니다.
서면에 의한 저자와 출판사의 허락없이 내용의 일부를 인용하거나 발췌하는 것을 금합니다.

값은 표지에 있습니다.
ISBN 978-89-349-4702-8 73800

좋은 독자가 좋은 책을 만듭니다.
김영사는 독자 여러분의 의견에 항상 귀 기울이고 있습니다.
독자의견전화 031-955-3139 | 전자우편 book@gimmyoung.com
홈페이지 | www.gimmyoungjr.com | 어린이들의 책놀이터 cafe.naver.com/gimmyoungjr

---

어린이제품 안전특별법에 의한 표시사항
제품명 도서 제조년월일 2019년 11월 18일 제조사명 김영사 주소 10881 경기도 파주시 문발로 197
전화번호 031-955-3100 제조국명 대한민국 ⚠주의 책 모서리에 찍히거나 책장에 베이지 않게 조심하세요.

꼬리에 꼬리를 무는
릴레이
그리스
로마 신화

이경덕 글 | 이우일 그림

주니어김영사

차례

머리말_ 6

1장 태초에 세상을 연 그리스 로마 신화의 신들
• 가이아 11   • 크로노스 16   • 제우스 20   • 포세이돈 24   • 하데스 28   • 아폴론 33
• 아르테미스 37   • 아스클레피오스 42   • 아테나 46   • 헤파이스토스 50
• 아프로디테 53   • 헤르메스 57   • 아레스 62   • 디오니소스 64

넓고 깊게 신화 읽기_ 그리스 로마 신화의 네 시대 68

2장 프로메테우스가 들려주는 신들의 다툼과 인간의 시대
• 프로메테우스 72   • 기가스 77   • 티폰 81   • 판도라 86   • 데우칼리온 89

넓고 깊게 신화 읽기_ 고대 그리스의 역사 92

3장 헬레니즘의 탄생! 헬렌의 후손들
• 헬렌 96   • 케익스와 알키오네 98   • 멜레아그로스 102   • 아탈란테 107
• 아타마스 110   • 시시포스 114   • 벨레로폰 119   • 멜람푸스 125   • 아드메토스 129
• 이아손 134   • 메데이아 141   • 이아손과 메데이아 147

넓고 깊게 신화 읽기_ 문화의 만남, 헬레니즘 152

4장 비극의 역사! 아르고스의 후손들
• 이오 156   • 다나오스 160   • 프로이토스 165   • 아크리시오스 169
• 페르세우스 172   • 헤라클레스 178   • 헤라클레스의 열두 가지 과업 183
• 헤라클레스의 죽음 195

넓고 깊게 신화 읽기_ 그리스의 건축, 신전 200

5장 아름다운 섬의 신화! 크레타의 후손들
- 에우로페 204
- 미노스 209
- 다이달로스 212
- 이카로스 216
- 라다만티스 219
- 파이드라 222

넓고 깊게 신화 읽기_ 크레타의 미노아 문명 226

6장 문자의 발명! 테베의 후손들
- 카드모스 230
- 세멜레 234
- 펜테우스 237
- 오이디푸스 240
- 안티고네 246

넓고 깊게 신화 읽기_ 그리스의 연극 250

7장 도시 국가의 유래! 아테나의 후손들
- 에릭토니오스 254
- 아이게우스 258
- 테세우스 262
- 테세우스의 죽음 269

넓고 깊게 신화 읽기_ 아테네의 민주 정치 274

8장 신화의 끝, 역사의 시작! 트로이와 트로이 전쟁
- 트로스 278
- 테티스 281
- 헬레네 286
- 오디세우스 289
- 아킬레우스 295
- 아가멤논 299
- 프리아모스 303
- 헥토르 307
- 파리스 312
- 제우스 317
- 카산드라 320
- 오레스테스 324
- 오디세우스의 귀환 328
- 텔레마코스 337
- 아이네이아스 342

넓고 깊게 신화 읽기_ 트로이의 유적 348

마치며_ 350
그리스 로마 신화 신과 영웅 찾아보기_ 352

꼬리에 꼬리를 무는 인물들을 따라
그리스 로마 신화 제대로 읽기!

머리말

　신화를 사람에 비유하면 마음과도 같습니다. 사람이라면 누구나 마음을 가지고 있듯이 지구상의 민족이나 나라들도 대부분 신화를 가지고 있습니다. 이제부터 우리가 함께 읽을 신화는 그 수많은 신화 중에서도 그리스와 로마의 신화입니다. 달리 표현하면 그리스와 로마의 마음이라고 부를 수 있겠지요.

　역사로 보면 그리스를 정복한 것은 로마입니다. 그러나 문화로 보면 그리스가 로마를 정복했다고 할 수 있습니다. 그리스의 문화가 세계로 뻗어 나간 로마의 기세를 따라 서방 세계 곳곳으로 퍼져 나갔고, 그런 이유로 서양 문명의 어머니가 되었지요.

　그런 그리스 로마 문화의 핵심을 이루는 것이 바로 신화입니다. 오늘날에도 영화나 소설에 그리스 로마 신화의 이야기가 심심치 않게 등장합니다. 그만큼 오랫동안 세계 문화, 특히 서양 문화에 큰 영향을 끼쳤다는 뜻입니다.

　그리스 로마 신화에는 수많은 신들이 나옵니다. 영웅도 등장하지요. 그들이 얽히고설켜 만들어 낸 이야기는 그야말로 무궁무진합니다. 그래서 그리스 로마 신화를 보여 주는 방법은 매우 다양합니다. 영웅, 전쟁, 사랑 등 여러 주제들을 가지고 다채롭게 풀어 낼 수 있지요.

이 책에서는 인물을 중심으로 그리스 로마 신화를 만나려고 합니다. 그 이유는 우리들 모두 아버지와 어머니의 아들딸이고 우리 아버지와 어머니 또한 할아버지 할머니의 아들딸인 것처럼, 신화에 등장하는 신과 인간도 모두 누군가의 아들이고 딸이라는 점이 공통되기 때문입니다. 다시 말해서 우리들의 이야기처럼 친숙하게 읽을 수 있다는 것이지요. 이렇게 인물을 중심으로 신화를 읽으면 한 집안의 족보를 들여다보듯 신화의 부분과 전체를 한꺼번에 파악할 수 있습니다.

신화는 다른 사람을 통해 나를 돌아보게 만드는 거울과 같아서 신화를 읽는 일은 늘 흥미롭고 즐겁습니다. 여러분에게도 그런 경험이 되길 바라며 지금부터 신화의 세계로 떠나 볼까요?

이경덕

태초에 세상을 연
그리스 로마 신화의 신들

그리스 신화에 나오는 신들은 하는 행동이나 생각만 봐서는
인간과 별반 다를 게 없어. 인간처럼 싸우고, 화내고, 사랑하니까.
다만 하나 차이가 있다면 인간은 죽지만 신은 죽지 않는다는 거지.
자, 이제부터 그리스 로마 신화에 나오는 신들이 자기소개를 할 거야.
박수로 맞이해 볼까? 짝짝짝!

>>> 계보에서 찾아보는 등장인물

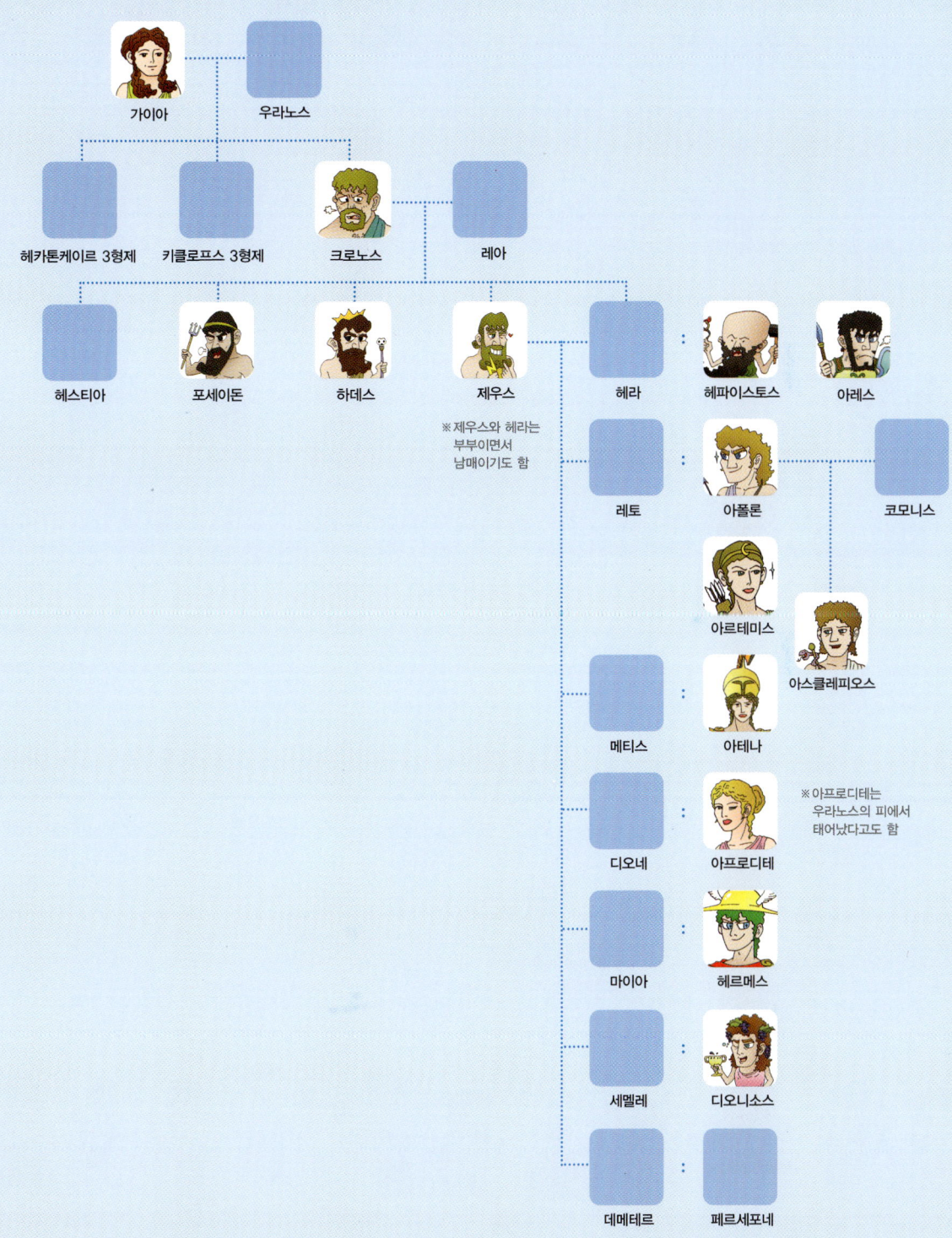

가이아

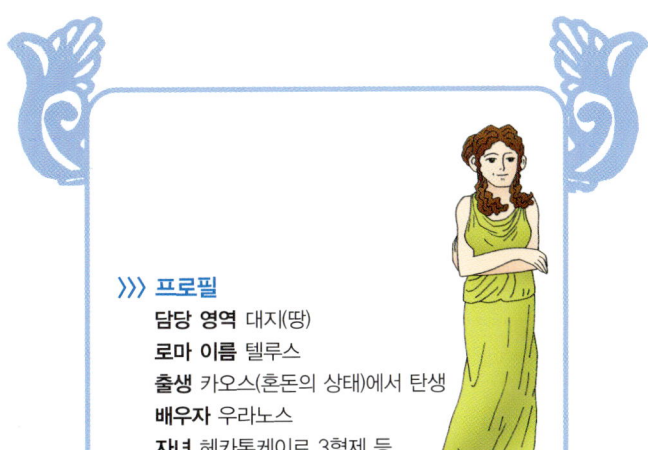

>>> **프로필**
담당 영역 대지(땅)
로마 이름 텔루스
출생 카오스(혼돈의 상태)에서 탄생
배우자 우라노스
자녀 헤카톤케이르 3형제 등

나는 그리스 신화에 나오는 위대한 신들의 창조자이며 어머니야. 모든 신들이 나에게서 비롯되었지.

나는 대지의 여신이야. 다른 말로 하면 '지구'란 말이지. 너희가 밟고 다니는 땅은 나의 몸이고 돌이나 바위는 나의 뼈야. 풀과 나무는 내 몸에 닌 털쯤 될 거고.

따라서 나보다 위대한 신은 없어. 그런데 제우스나 하데스같이 어린 것들은 그렇게 생각하지 않는 모양이야. 내 손자들이긴 하지만 어찌나 건방진지 몰라. 못된 녀석들. 너희들도 제우스나 하데스는 잘 알면서 나는 잘 모르잖아? 그래서 이제부터 나와 내 자식들 이야기를 하려고 해. 내가 자식들을 낳은 이유도 말이야.

언제인지 분명하지는 않지만 아주 오래전 어느 날이었어. 세상에 혼자 있다는 게 너무 쓸쓸하고 외로웠어. 그래서 우라노스(하늘)를 낳았지. 나는 여자, 우라노스는 남자였어. 우리는 자식을 많이 낳았어.

가장 먼저 태어난 아이들은 헤카톤케이르 3형제였어. 세 명 모두 팔이 100개에 머리가 50개씩 달려 있었지. 50명의 사람을 하나로 뭉쳐 놓은 모습이라고나 할까. 힘으로만 따지면 아무도 그 아이들을 이길 수 없었지. 그런데 돈이 많이 들었어. 모자만 사도 한 명에 50개를 사야 하잖아. 밥은 또 얼마나 많이 먹던지…….

그 다음에 태어난 아이들은 뭔가 모자란 아이들이었어. 눈이 하나뿐이었지. 그들의 이름은 키클로프스 3형제야. 그 다음으로 태어난 아이들은 티탄들이야. 형들처럼 덩치가 큰 아이들이었지. 아들이 여섯에 딸이 여섯이야. 이렇게 우리는 모두 18명을 낳았어. 아유, 많기도 하지.

그런데 우라노스 이 인간이 무슨 짓을 했는지 알아? 내 귀여운 아이들, 그러니까 헤카톤케이르 3형제와 키클로프스 3형제를 지하 깊숙한 곳에 있는 타르타로스 감옥에 가두었어. 괴물처럼 생겨서 보기 싫다고 말이야.

열 손가락 깨물어 아프지 않은 손가락이 어디 있겠어? 난 몹시 화가 났어. 그래서 남은 자식들, 그러니까 티탄들을 한자리에 불러 놓고 이렇게 말했지.

"누가 우라노스를 몰아내겠느냐?"

티탄들은 서로 눈치만 보면서 아무도 나서지 않았어. 아버지가 무서웠던 거지. 덩치만 큰 겁쟁이 녀석들! 그때 막내인 크로노스가 손을 번쩍 들더군. 하룻강아지 범 무서운 줄 모른다더니 어려서 겁이 없었던 거지.

나는 크로노스에게 청동으로 만든 낫을 주었어.

크로노스는 형과 누나들을 이끌고 우라노스를 습격했어. 그리고 내가 준 낫으로 나와 우라노스의 연결 부위를 싹둑 잘랐어. 피가 튀었지. 피는 바다에 떨어졌고, 그 피에서 그리스 신들 중 가장 아름다운 여신인 아프로디테가 태어났어. 그리고 우라노스는 풍선처럼 공중으로 떠오르더니 멀리 날아가고 말았지. 지금 너희들이 보고 있는 하늘이 그때 날아올라간 우라노스의 모습이야.

이렇게 하늘과 땅이 나뉘면서 빛이 생기고 맑은 공기도 생겨났어. 그때부터 세상은 내 아이들인 티탄들이 차지했어. 겁 없는 크로노스는 우라노스와 나를 떼어 놓은 공으로 신들의 왕이 되었지.

>>>>> **열두 명의 티탄들**

가이아와 우라노스 사이에서 태어난 티탄 중 아들은 오케아노스, 히페리온, 코이오스, 크로노스, 크리오스, 이아페토스이고, 딸은 테이아, 레아, 테미스, 므네모시네, 포이베, 테티스이다.

크로노스

>>> **프로필**
담당 영역 시간(세월)
로마 이름 사투르누스(농업의 신)
출생 가이아와 우라노스의 막내아들
배우자 레아
자녀 헤스티아, 데메테르, 헤라,
하데스, 포세이돈, 제우스

어머니(가이아)가 날 겁 없는 아이라고 소개했지만 사실 난 겁이 많아. 특히 아버지(우라노스)가 하늘로 올라가면서 저주를 내렸을 때는 얼마나 무서웠는지 몰라.

"너도 나처럼 네 자식한테서 쫓겨날 것이다! 못된 녀석."

나는 골방에 처박혀 어떻게 하면 아버지의 저주에서 벗어날 수 있을까 고민했어. 그러다가 기막히게 좋은 생각을 떠올렸지. 바로 자식을 낳지 않는 거야!

나는 누나인 레아와 결혼했어. 누나 말고 다른 여자가 없었거든. 난 레아가 아이를 낳을 때마다 꿀꺽 삼켰어. 모두 다섯 명이었지. 제일 먼저 헤스티아를 삼켰고 그 다음에 데메테르, 헤라 그리고 하데스와 포세이돈을 삼켰어. 그 다섯 명의 아이들은 내 배 속에서 무럭무럭 자랐어. 신들은 죽지 않으니까.

나라고 좋아서 그랬겠어? 자식들에게는 정말 미안했지만 아버지처럼

쫓겨날 수는 없잖아. 그런데 이상했어. 그렇게 아이들을 삼켰는데도 왠지 마음이 편하지가 않았어. 그래서 타르타로스 감옥에서 구출한 헤카톤케이르 형들과 키클로프스 형들을 다시 타르타로스 감옥에 가두어 버렸어. 나한테 해코지할까 봐. 형들은 정말 무섭거든.

　나는 그때부터 내 마음대로 살았어. 온갖 나쁜 짓을 서슴지 않았지. 누가 뭐라고 하겠어? 감히 신들의 왕인 나한테. 하지만 나쁜 짓을 하면 벌을 받는 모양이야. 아버지가 그랬던 것처럼 나도 배신당하고 말았거든. 그것도 가장 가까이에 있는 아내 레아한테 말이야. 이제 아버지를 조금 이해할 수 있을 것 같아.

　레아는 여섯 번째 아이인 제우스가 태어나자 내게 제우스 대신 포대기에 싼 돌을 내주고 제우스는 크레타라는 섬에다 몰래 빼돌렸어. 그 섬에는 깊은 동굴이 있었는데 거기서 제우스를 키운 거야. 감쪽같이 속았지 뭐.

　내 아들 제우스는 동굴 안에서 무럭무럭 자랐어. 그리고 급기야 나를 공격했어. 하지만 엄마를 닮아 머리가 좋아서 그랬는지 내가 아버지에게 낫을 들이댔던 것처럼 직접 공격하지는 않았어. 내 조카 메티스를 꼬드겨 나에게 약을 먹이게 했지. 무슨 약이냐 하면 배 속에 있는 것을 모두 토해 내게 하는 약이었어.

　내 배 속에서 자라던 아이들이 차례차례 밖으로 튀어나왔어. 그러더니 나에게 대들었지. 나와 내 형제인 티탄들이 한편이 되고 제우스를 비

　롯한 내 자식들이 한편이 되어 전쟁을 벌였어. 그렇게 10년을 싸웠지. 하지만 승부를 낼 수 없었어. 우리 신들은 죽지 않으니까.

　어머니(가이아)가 아니었다면 우리가 이겼을 텐데. 어머니는 손자 손녀가 불쌍했는지 제우스 패거리에게 비밀을 알려 주었어. 타르타로스 감옥에 갇혀 있는 삼촌들을 한편으로 만들면 이길 수 있다는 거였지.

　나는 아버지의 저주대로 내 아들 제우스한테서 쫓겨나고 말았어. 그래. 나도 떠나기 전에 저주의 말을 해야겠어.

　"너도 나처럼 네 자식한테서 쫓겨날 것이다! 못된 녀석."

제우스

>>> **프로필**
담당 영역 하늘(그리스 신화 최고의 신)
로마 이름 유피테르
출생 크로노스와 레아의 아들
배우자 메티스, 헤라 등 아주 많음
자녀 신과 인간 구분 없이 아주 많음

처음에 형제들을 만났을 때는 좀 당황했어. 태어난 것으로만 따지면 나도 아버지(크로노스)처럼 막내지만 세상에서 산 것으로 따지면 내가 가장 오래 살았으니 내가 형 아냐? 헤스티아, 헤라, 데메테르, 하데스, 포세이돈은 아버지의 배 속에서 자랐잖아. 아유, 헷갈려. 도대체 누가 형인 거야?

사실 우린 누가 형이고 동생인지 가타부타 따질 여유가 없었어. 아버지와 싸워야 했으니까. 그리고 할머니에게 어리광을 피워 알아낸 비밀 덕분에 이길 수 있었지.

우리가 타르타로스 감옥에서 삼촌들을 구출해 준 건 잘 알지? 삼촌들은 우리에게 고맙다며 선물을 주었어. 나에게는 번개를, 하데스에게는 쓰면 모습이 보이지 않는 모자를, 포세이돈에게는 삼지창을 주었지. 우리가 싸움에서 이길 수 있었던 건 바로 이 무기들 때문이었어. 싸움에서 이긴 뒤 우리는 아버지와 그 형제(티탄)들을 타르타로스 감옥에 가두어

버렸어.

 헤카톤케이르 삼촌들은 자기들을 가둔 아버지(우라노스)에게 원한이 있어서 그랬는지 그곳을 지키는 파수꾼이 되겠다고 했어. 얼마나 고맙던지. 헤카톤케이르 삼촌들은 내가 보기에도 무섭게 생겼거든. 그런 분들이 타르타로스에 남겠다니 고마울 수밖에.

 우리는 전쟁에서 이긴 뒤 누가 왕이 될지를 놓고 상의했어. 결국 제비뽑기를 해서 난 하늘을, 하데스는 죽음의 세계인 지하를, 포세이돈은 바다를 다스리기로 했어. 땅은 함께 다스리기로 결정했지. 아버지 말대로 난 머리가 좋을 뿐 아니라 운도 좋아. 제일 좋은 곳을 가졌으니 말이야.

 그런데 마음에 걸리는 게 하나 있어. 할아버지 대에서부터 내려온 저주 말이야. 저주대로라면 나도 내 자식한테 이 자리를 빼앗길지도 몰라. 그래서 나도 처음에는 아버지처럼 꿀꺽 삼켰어. 자식들을 삼켰냐고? 아니, 들어 봐.

 내가 처음 아내로 삼은 여자는 지혜로운 메티스였어. 난 메티스가 임신한 사실을 알고 마음이 불안했어. 어떻게 할까 고민하다가 임신한 메티스를 삼켜 버렸지. 그렇게 하면 아이도 태어날 수 없을 테니까. 그 아이의 이야기는 뒤에 나올 거야.

 두 번째 아내는 너희들도 잘 아는 헤라야. 첫 번째 아내인 메티스는 내 말을 고분고분 잘 들었는데 헤라는 자기주장이 강하고 기운이 센 여신이었어. 그러니 아이를 삼키게 내버려 둘 리가 없지. 사실 난 헤라가

좀 무서워.

    그런데 놀라운 비밀을 하나 알게 되었어. 티탄이면서 우리를 도와 아버지를 몰아낸 프로메테우스 삼촌이 말하기를, 헤라가 낳은 아이 중에는 나를 쫓아낼 아이가 없다는 거야. 프로메테우스 삼촌은 미래를 내다보는 능력이 있어서 믿을 만했지.

    하지만 결정적으로 내가 어떤 여자와 결혼하면 안 되는지는 알려 주지 않았어. 그 여자만 조심하면 될 텐데 말이야. 도대체 어떤 아이가 나를 몰아낼까? 정말 조마조마해.

포세이돈

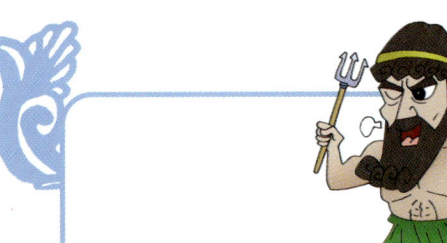

>>> 프로필
담당 영역 바다
로마 이름 넵투누스
출생 크로노스와 레아의 아들
배우자 암피트리테
자녀 신과 인간 구분 없이 많음

　난 바다의 왕 포세이돈이야. 거친 파도, 세상을 삼킬 듯한 폭풍우가 내 성격에 잘 맞아. 하지만 때로는 평화로운 바다처럼 부드러운 남자이기도 하단다. 남들은 나더러 거칠고 잔혹하다고 말하지만 난 단지 빚지고는 못 사는 성격일 뿐이야.

　누가 나에게 해를 끼치면 반드시 되갚아 줘야 직성이 풀리거든. 물론 내가 잘못한 것까지 굳이 기억할 필요는 없지만 말이야. 그런데 왜 난 인기가 없나 몰라……

　나는 제우스, 하데스(누가 형인지는 헷갈리지만)와 함께 티탄을 몰아내고 바다를 차지했어. 바다는 늘 내 가슴을 뛰게 하지. 그런데 사실 그 어느 때보다 내 가슴이 크게 뛰었던 때는 바로 암피트리테가 춤추는 모습을 보았을 때야.

　낙소스라는 섬에 갔을 때의 일이야. 티탄이면서 바다의 신인 오케아노스 삼촌의 딸 암피트리테를 보고 난 그만 사랑에 빠져 버렸지. 그래서

평소처럼 거칠고 퉁명스러운 목소리로 내 아내가 되어 달라고 말했지. 그랬더니 글쎄 내 부탁을 거절하지 뭐야.

다른 누군가가 거절했다면 마구 두들겨 주었겠지만 암피트리테한테는 그럴 수가 없었어. 얼마나 예쁜데……. 아, 그때 알았어. 세상에는 힘으로도 얻을 수 없는 게 있다는 걸 말이야.

난 깊은 절망에 빠졌어. 그녀가 없으면 바다는 황량한 사막과 다름없다고 생각했지. 그때 내 마음을 헤아려 준 동물이 있었어. 바로 돌고래였지. 그 녀석은 바다에 사는 동물 중에서 머리가 좋은 편에 속하거든.

돌고래는 내가 무서워 숨어 버린 암피트리테를 찾아냈을 뿐 아니라 그녀를 설득하기까지 했어. 내가 깡패처럼 거칠고 우악스럽지만 알고 보면 부드러운 남자라는 둥, 바다의 여왕이 되는 게 얼마나 멋진 일인지 아느냐는 둥 장황하게 늘어놓았겠지? 나와 달리 부드러운 말씨로 말이야.

암피트리테가 내 앞에 나타났을 때는 세상을 다 가진 기분이었어. 사실 가진 거라고는 바다밖에 없었지만.

뭐, 그렇다고 내가 평생 암피트리테만 바라보며 산 것은 아니야. 메두사라고 들어 봤지? 그리스 로마 신화에서 최고로 무서운 얼굴을 가진 여자 말이야. 보기만 해도 돌로 변할 만큼 무서운 얼굴이지. 원래는 예뻤는데 그렇게 끔찍한 얼굴로 변한 건 사실 나 때문이야. 후유, 지혜의 여신이며 내 조카인 아테나가 그렇게 만들었지. 나와 사랑한 죄밖에 없는데. 불쌍한 메두사!

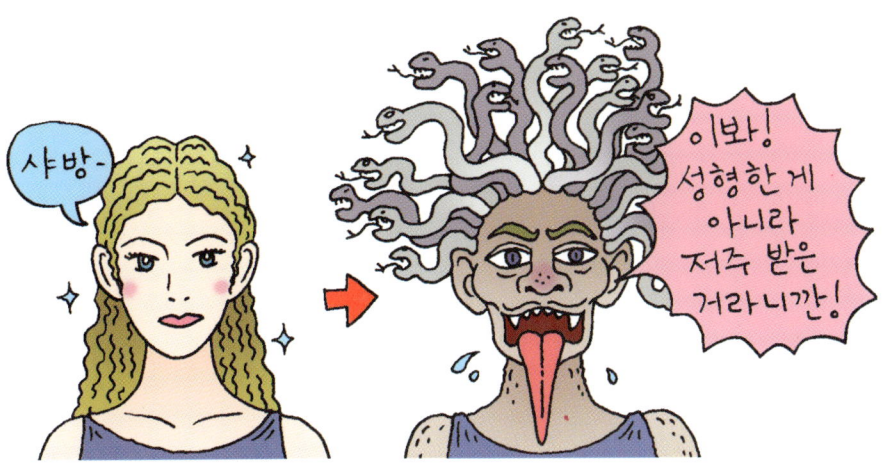

난 인기는 별로 없지만 앞으로 자주 만나게 될 거야. 신들이건 인간들이건 그들 일에 간섭하는 게 내 취미거든.

〉〉〉〉〉 포세이돈의 아내, 암피트리테

바다의 노인이라 불리는 신 네레우스와, 대양의 신 오케아노스의 딸 도리스 사이에서 태어난 50명의 딸들 중 한 명이다. 포세이돈이 암피트리테를 좋아해 결혼한 이야기 말고 또 다른 이야기도 전해진다. 포세이돈이 그 자매들 가운데 하나인 테티스를 좋아했는데, 그녀가 아들을 낳으면 아버지보다 위대해진다는 신탁이 있어 암피트리테를 택했다는 것이다.

하데스

>>> **프로필**
담당 영역 저승, 죽음, 지하 세계
로마 이름 플루토
출생 크로노스와 레아의 아들
배우자 페르세포네
자녀 없음

 난 우울증이 있어. 태어날 때부터 그랬는지 지하에 오래 살아서 그런지는 잘 모르겠어. 그래서 포세이돈이나 제우스처럼 세상일에 자주 모습을 드러내지는 않아. 거의 대부분 컴컴한 지하 세계에서 지내지.

 난 비록 신이지만 살아 있는 인간에 대해서는 잘 모르고, 그들을 만나는 것도 부담스러워. 내가 만나는 사람은 모두 죽은 사람들이거든. 오르페우스라는 인간이 악기를 들고 지하 세계에 찾아왔을 때도 참 곤란했었지…….

 그전에 아내를 얻은 이야기부터 해야겠어. 내가 지하 세계에 처박혀 있긴 해도 세상에 무슨 일이 일어나는지 정도는 알고 있어. 인터넷이 있는 건 아니지만 내게도 정보망은 있거든.

 바람둥이 제우스는 그렇다 쳐도 포세이돈까지 아내를 얻었다는 말에 기분이 영 좋지 않았어. 누가 형이고 누가 동생이든 간에 나만 쏙 빼놓고 자기들만 결혼하다니 말이야. 몹쓸 녀석들 같으니라고!

나도 결혼을 하고 싶었어. 그래서 오랜만에 검은 말들이 끄는 마차를 타고 하늘에 있는 제우스를 만나러 가기로 마음먹었어. 여자의 마음을 사로잡는 기술도 없지, 생긴 것도 음울하지, 게다가 결정적으로 누가 이 어두컴컴하고 칙칙한 지하 세계로 시집오려고 하겠어? 그래서 제우스에게 참한 아내 하나 구해 달라고 부탁하려고 했지.

그런데 막 지상으로 마차를 몰고 나갔을 때였어. 눈부시게 아름다운 처녀가 내 눈앞에 나타난 거야. 수선화를 꺾고 있었는데 그 모습이 어찌나 아름다운지 나는 제정신을 잃고 말았어.

나쁜 짓인 줄은 알지만 난 마차를 돌려서 그 처녀를 납치했어. 그러고는 내 모습을 본 요정들과 신들에게 으름장을 놓았지. 이 일에 대해 한마디라도 떠들면 죽은 자들의 세계로 불러들이겠다고 말이야. 모두들 벌벌 떨더군. 다들 죽기는 싫었던 거지.

처녀의 이름은 페르세포네였어. 아버지는 제우스이고 어머니는 데메테르더군. 이게 뭐야? 제우스와 데메테르는 모두 내 형제자매잖아! 그렇게 난 제우스가 판 함정에 빠지고 말았지.

페르세포네를 지하 세계로 납치한 다음 살아 있는 그녀와 어떻게 하면 결혼할 수 있을지 머리를 굴렸어. 내가 선택한 것은 석류였지. 뚱한 표정을 짓고 있는 페르세포네에게 석류를 건넸더니 그녀가 무심코 몇 알을 먹었어. 성공이야! 일단 지하 세계의 음식을 먹으면 지하 세계를 벗어날 수 없다는 규칙이 있거든.

그런데 문제는 데메테르였어. 데메테르가 딸을 찾으려고 온 세상을 다 뒤지고 다녔던 거야. 그때 입이 싼 헬리오스 삼촌(티탄, 태양의 신)이 데메테르에게 페르세포네가 지하 세계에 있다고 털어놓았어. 삼촌한테 왜 그랬냐고 따질 수도 없고 참 난처했지. 데메테르는 제우스를 찾아가 딸을 내놓으라며 울고불고 난리를 쳤어.

제우스는 중재안을 내놓았지. 1년 중 3분의 1은 지하 세계에서 나 하데스와 살고 3분의 2는 지상에서 어머니 데메테르와 살게 하자는 거였어. 물론 페르세포네와 내가 결혼을 한다는 조건으로 말이야.

세상에 겨울이 오는 때는 페르세포네가 지하 세계에 있을 때야. 페르세포네가 지하 세계에 있으면 대지를 다스리는 여신이며 그녀의 어머니인 데메테르가 슬퍼하고 그 때문에 풀과 나무가 시드는 겨울이 오는 거지. 반대로 페르세포네가 데메테르의 품으로 돌아가면 풀과 나무가 되살아나 봄이 오는 거야.

그런데 나는 페르세포네와 결혼할 수 있다는 생각에 들떠 제우스의 음흉한 계략을 알아차리지 못했어. 원래 지하 세계는 살아 있는 사람이 드나들 수 없는 곳이잖아. 그런데 살아 있는 페르세포네가 저승에 살게 되면서 그 숨결을 타고 살아 있는 사람들이 지하 세계로 들어올 수 있게 된 거야.

그게 바로 제우스의 음흉한 계략이었어. 나만의 세계인 지하 세계에까지 자신의 마수(음험하고 흉악한 손길)를 뻗치겠다는 거였지. 억울하게

죽은 아내를 돌려달라던 오르페우스, 아테네의 영웅 테세우스, 트로이의 영웅 아이네이아스, 제우스의 부하 헤르메스, 술의 신 디오니소스 등이 지하 세계에 올 수 있었던 이유도 다 그 때문이야.

내가 지하 세계의 어둠을 대표한다면 하늘의 밝음을 대표하는 건 태양의 신 아폴론이야. 이제 그 녀석을 만나 봐.

아폴론

>>> **프로필**
담당 영역 태양, 예언
로마 이름 아폴로
출생 제우스와 레토의 아들
자녀 아스클레피오스, 아리스타이오스 등
형제 관계 아르테미스와 쌍둥이 남매

아버지 제우스 때문에 어머니 레토가 고생을 많이 했어. 어머니(레토)가 임신한 사실을 안 헤라가 어머니를 괴롭혔거든. 헤라는 심지어 저주까지 퍼부었어. 움직이는 땅 위에서만 아이를 낳을 수 있다는 황당한 저주였지.

어머니는 움직이는 땅을 찾아다녔고 여러 차례 죽을 고비를 넘겼어. 움직이는 땅이라니 그런 곳이 어디 있겠어? 그런데 있더라고. 예전에 제우스가 아스테리아라는 여자를 좋아해서 따라다녔는데, 제우스를 싫어했던 그녀는 메추라기로 변해 바다에 뛰어들었고 그대로 델로스라는 섬이 되었지. 그 섬이 바로 떠다니는 섬이었어.

물론 우리도 이 섬에서 태어났어. 나는 쌍둥이로 태어났는데, 사냥의 여신 아르테미스가 나보다 조금 빨리 태어났지. 아르테미스는 태어나자마자 어머니를 도와 내가 태어나는 것을 도와주었어. 농담하지 말라고? 정말이야. 우리는 신이잖아.

나도 세상에 나오자마자 아르테미스 못지않게 바쁘게 지냈어. 가장 먼저 한 일은 델포이에 가서 그곳을 지키고 있던 큰 뱀 피톤을 죽인 거였어. 그러고는 신탁을 차지했지. 신탁은 신들의 예언 같은 것으로 사람들이 와서 미래의 일을 물으면 비유를 들어 알려 주는 거야. 인간들의 운명을 알 수 있는 아주 흥미로운 일이지.

그런데 그때 멀리서 어머니의 비명 소리가 들려왔어. 나는 단숨에 날아서 어머니한테 갔지. 덩치 큰 사촌인 티티오스가 어머니를 납치하려 하고 있었어. 난 때마침 도착한 아르테미스와 함께 화살을 쏘아 티티오스를 맞혔어. 그리고 지하 감옥에 가두었지.

태어나자마자 뱀을 죽이고 사촌과 싸워서 그런지 여자들은 나를 싫어했어. 다프네라는 여자는 내가 싫다며 도망가다가 결국 월계수 나무로 변하고 말았어. 코로니스라는 여자는 나보다 인간 남자를 좋아하기에 너무 화가 나서 죽였지. 트로이의 공주 카산드라는 나를 좋아한다기에 미래를 알 수 있는 능력을 줬더니 나를 배신했어. 그래서 그녀의 예언을 아무도 믿지 않게 만들어 버렸어. 그뿐이 아니야. 내가 사랑했던 히아킨토스라는 남자 아이도 원반던지기를 하다가 원반에 맞아 죽고 말았지.

내가 좋아하는 사람들은 모두 불행해졌어. 신이시여, 내 운명은 어찌 이리 가혹한가요? 난 인간들의 운명을 알 수 있는 예언의 신인데, 정작 내 운명은 알 수 없단 말인가!

나는 태양의 신이기도 해. 원래는 티탄인 헬리오스 삼촌이 태양의 신

이었는데 티탄들이 밀려나면서 자연스럽게 나한테 넘어온 거지. 태양은 가장 강한 힘이야. 만약 아버지(제우스)가 왕의 자리를 넘긴다면 그 자리는 내 것이 되겠지. 이참에 아버지를 확 밀어내 버릴까?

>>>>> **아폴론의 자식들**

코로니스에게서 의술의 신으로 불리는 아스클레피오스를 낳았고, 요정 키레네에게서 아리스타이오스를 낳았다. 탈리아에게서는 코리반테스를, 우라니아에게서는 리노스와 오르페우스를 낳았고, 카산드라의 어머니이자 프리아모스 왕의 아내 헤카베에게서는 트로일로스를 낳았다. 피티아에게서 도로스, 라오도코스, 폴리포이테스를 낳았고, 로이오에게서는 아니오스를 낳았다. 아니오스는 훗날 델로스를 다스렸다. 이 밖에 예언자 몹소스, 밀레토스 등도 아폴론의 아들로 전해진다.

아르테미스

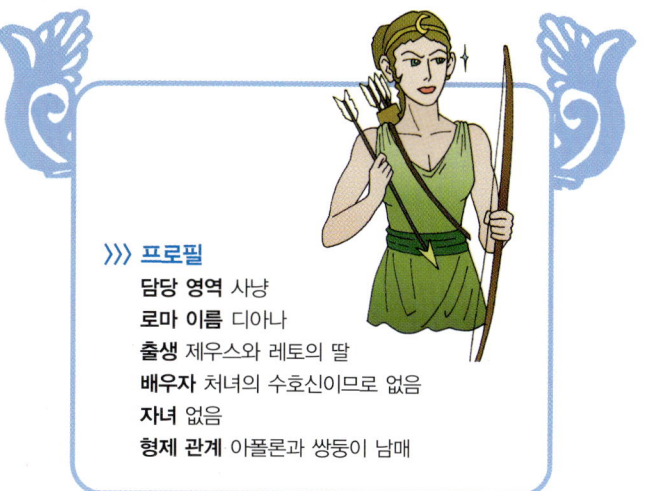

>>> **프로필**
담당 영역 사냥
로마 이름 디아나
출생 제우스와 레토의 딸
배우자 처녀의 수호신이므로 없음
자녀 없음
형제 관계 아폴론과 쌍둥이 남매

난 사냥의 여신 아르테미스야. 내 동생이며 태양의 신인 아폴론이 여자들에게 인기가 없는 건 아마 태양의 신이기 때문일 거야. 태양이 밝게 빛나는 곳은 비밀이나 신비로움이 없잖아? 모든 것이 환한 태양 아래 드러나 버리니까.

그리고 세상에 밤이 없이 낮만 계속된다면 어떻겠어? 무척 피곤할걸. 잠도 푹 못 자고 잘 쉬지도 못할 테니까 말이야. 그러니 누가 아폴론을 좋아하겠어? 내 동생이지만 좀 불쌍해.

아폴론과 쌍둥이인 나는 결혼을 하지 않기로 결심했어. 영원히 처녀로 살겠다고 마음먹었지. 난 사랑을 하는 대신 님프(요정)들과 숲에서 사냥을 하며 살았어. 그런데 나를 사랑한다며 나타난 남자가 있었어. 알페이오스라는 사냥꾼이었지.

알페이오스는 사냥꾼 특유의 예민한 감각으로 나를 따라다녔어. 그런데 내가 보기에 그것은 사랑이 아니라 사냥의 신에 대한 존경이었어. 그것을 알페이오스가 사랑으로 착각한 거지. 그래서 난 그 사실을 일깨워 주기로 했어.

어느 날 나와 시녀들은 얼굴에 진흙을 바르고 알페이오스 앞에 나타났어. 그리고 이렇게 물었지.

"누가 아르테미스일까?"

알페이오스는 곤혹스러운 표정을 지었어. 정말 사랑한다면 얼굴을 가리더라도 알아볼 수 있어야 하는데 그러지 못했지. 그제야 알페이오스는 자기의 감정이 사랑이 아니라 존경이었음을 깨달았어. 그러고는 아레투사라는 님프와 사랑에 빠져 나를 떠나고 말았지. 사랑은 이런 거야. 때로는 착각이기도 한 거지.

한번은 정말 사랑에 빠져서 결혼할 뻔한 적이 있었어. 바다의 신 포세이돈의 아들 오리온을 좋아했거든. 어느 날 오리온이 내가 태어난 델로스 섬에 찾아왔어. 우리는 친해졌고 서로 좋아하게 되었지.

그때 훼방꾼이 나타났어. 아폴론이었지. 하루는 그가 내기를 하자고 하는 거야. 사냥의 신인 나에게 감히 활쏘기 내기를 제안하다니 어이가 없었지. 어쨌든 목표물은 먼바다에 떠 있는 바가지 모양의 물체였어. 나는 자신만만하게 활을 쏘았지. 내가 쏜 화살이 멋지게 명중했을 때 아폴론은 미소를 지으며 사라졌어.

난 그제야 속았다는 걸 알고는 바다로 달려갔어. 아니나 다를까 바가지 모양의 물체는 오리온의 머리였어. 포세이돈의 아들답게 바다를 자유

롭게 다닐 수 있었던 오리온이 머리만 물 밖으로 내놓은 채 나를 만나러 오던 길이었지. 그 일이 있은 뒤로 난 다시는 사랑을 하지 않겠다고 맹세했어.

이렇게 마음속에서 사랑이 사라진 다음부터 나는 조금씩 차갑고 잔인하게 변해 갔어.

한번은 악타이온이라는 남자가 숲에서 길을 잃고 헤매다가 우연히 내가 목욕하는 장면을 훔쳐보았어. 나는 악타이온을 사슴으로 변하게 해 자기 사냥개한테 물려 죽게 만들었지. 나는 사냥의 여신이고 그렇기에 차갑고 잔인해야 한다고 생각해.

〉〉〉〉〉 처녀의 수호신이 다산의 상징?

아르테미스는 사냥의 여신인 만큼 그리스의 산악 지역과 초원 등지에서 숭배받은 여신이었다. 그래서 동식물의 다산과 번성을 주관하는 신으로 여겨졌다. 또한 출산과 아이의 성장을 수호하는 신으로 받아들여지기도 했다. 뿐만 아니라 아르테미스의 성지로 유명한 에페소스에서는 아시아 지역의 다산의 여신과 동일하게 여겨지기도 했다.

아스클레피오스

>>> **프로필**
담당 영역 의술
로마 이름 아스클레피오스
출생 아폴론과 코로니스의 아들
※ 어머니에 대해서는 여러 가지 설이 있음
배우자 에피오네
자녀 아들 두 명, 딸 다섯 명

내 아버지는 아폴론이고 어머니는 코로니스야. 어머니는 아폴론의 사랑을 받았지만 인간 남자를 사랑했어. 아버지는 화가 나서 어머니를 죽였고 이미 배 속에 있던 나를 꺼내 제우스의 아들이며 켄타우로스인 케이론이라는 유명한 선생에게 맡겼어. 켄타우로스는 상체는 사람이고 하체는 말의 모습을 한 상상의 동물이지.

나는 케이론에게서 의술과 사냥을 배웠어. 그중 내가 재능을 발휘한 분야는 의술이었지. 내 의술이 뛰어나다는 사실이 알려지자 사람들은 먼 길을 마다하지 않고 찾아왔어. 난 못 고치는 병이 없었지.

나는 기고만장했어. 세계 최고의 의사였으니까. 모든 사람들이 나를 찬양했고 신처럼 숭배했어. 하지만 그 오만함 때문에 결국 해서는 안 될 일까지 하고 말았지.

우연한 기회에 아테나 여신에게서 괴물의 피를 얻었어. 그 피는 매우 신비한 것이었지. 왼쪽에서 흘러나온 피는 죽은 사람을 살리는 힘이 있

었고, 오른쪽에서 흘러나온 피는 산 사람을 죽이는 힘이 있었거든.

나는 그 피를 이용해 죽은 사람까지 살려 냈어. 산 사람의 병을 고치는 의사에서 나아가 사람을 죽이고 살리는 힘까지 갖게 된 거지.

이 사실이 신들의 세계에 알려지자 제일 많이 화를 낸 신은 죽은 자의 세계를 다스리는 하데스였어. 당연하지. 죽은 사람이 죽지 않고 다시 살아나니 말이야. 하데스는 제우스에게 강력하게 항의했어.

제우스 또한 세상의 질서를 무너뜨린 나를 용서하지 않았어. 벼락을 던져 나를 죽였지. 그런데 안타깝게도 내가 나를 살려 낼 방법은 없더군. 내가 죽자 가장 크게 화를 낸 신은 나의 아버지 아폴론이었어.

그렇다고 아폴론이 그의 아버지인 제우스에게 화풀이를 할 순 없는 노릇이잖아. 그래서 제우스에게 벼락을 만들어 준 키클로프스를 죽여 버렸어. 제우스는 그 벌로 아폴론을 1년 동안 인간의 노예가 되게 했지.

아버지는 군말하지 않고 벌을 받았어. 신이 인간의 노예가 되는 건 굴욕적인 일이지만 그것을 참고 견딜 만큼 나를 사랑했기 때문이지. 아버지, 사랑해요!

신들은 우리를 보고 감동했는지 나를 신들의 세계에 끼워주었어. 내가 사람들에게 위나 인기가 좋았기 때문이기도 하지. 신이 된 다음에도 난 사람들의 병을 많이 치료해 주었어. 난 여전히 세계 최고의 의사라고. 어디 아프면 내게 물어 봐.

아테나

>>> **프로필**
담당 영역 지혜, 전쟁
로마 이름 미네르바
출생 제우스와 메티스의 딸
배우자 없음
자녀 양자 에릭토니오스

세상에서 가장 지혜로운 신은 누구일까? 바로 나야. 난 지혜의 여신 아테나란다. 나는 태어날 때부터 다른 신들과 달랐어. 결정적인 차이는 내가 어머니의 몸에서 태어나지 않았다는 거야.

나는 아버지인 제우스의 머리에서 태어났어. 벌써 지혜롭다는 느낌이 팍팍 오지? 앞에서 제우스가 자기소개를 하면서 아내인 메티스를 삼켰다고 했잖아. 메티스가 아이를 낳으면 자기를 쫓아낼 거라고 한 예언 때문에 임신한 메티스를 그대로 삼켰었지. 그 때문에 나는 어머니의 자궁이 아니라 제우스의 몸속에서 자랐던 거야.

내가 세상에 나오던 날 모두들 당황스러워했어. 제우스와 헤라의 아들이며 손재주가 뛰어난 헤파이스토스가 도끼를 들고 제우스 앞에 나타났어. 출산의 여신들까지 그를 뒤따랐지. 제우스는 어리둥절해했고 주위의 신들은 슬금슬금 자리를 피했어.

헤파이스토스는 도끼로 아버지(제우스)의 머리를 사정없이 내리치고

는 얼른 도망쳤어. 그 깨진 머리 속에서 내가 나왔지. 그때 난 이미 어른의 모습이었어. 게다가 완전 무장을 하고 있었지.

나는 태어나자마자 강으로 가서 스스로 몸을 씻었어. 어머니도 없이 태어났는데 그 정도는 알아서 해야지. 물론 내가 몸을 씻는 동안 시녀들이 내 몸을 가려 주었으니 이상한 상상은 하지 말아 줘!

헤파이스토스 오빠는 나를 세상에 나오게 해 준 고마운 신이야. 그런데 내가 좋은지 자꾸만 치근덕거려. 하루빨리 좋은 짝을 만나야 할 텐데 말이야.

나? 나도 아르테미스처럼 남자를 별로 좋아하지 않아. 결혼에도 관심이 없고. 하긴 나도 좋아했던 남자가 있기는 해. 너희들도 잘 아는 그리스 로마 신화의 마지막 영웅 오디세우스야.

하지만 오해는 하지 마. 남자로 좋아한 건 아니니까. 지혜롭고 용감한 모습에 매력을 느꼈을 뿐이라고. 난 무식하게 힘만 센 사람보다는 지혜로운 사람이 좋아. 왜냐고? 난 지혜의 여신이니까!

〉〉〉〉〉 아테나의 상징물, 아이기스

아테나의 상징물은 창과 투구 그리고 아이기스이다. 이 중 아이기스는 염소 가죽으로 만든 방패 모양의 무기로 아테나 말고 제우스도 가지고 있었다. 제우스의 아이기스는 벼락에 맞아도 부서지지 않고 그것을 흔들면 폭풍이 일어나 사람들을 두려움에 떨게 했다. 아테나는 아이기스를 갑옷으로 걸치기도 했는데, 그녀의 아이기스에는 메두사의 머리가 달려 있었다.

그런가 하면 아테나가 좋아한 동물은 올빼미이고, 그녀를 나타내는 식물은 올리브 나무이다.

헤파이스토스

>>> 프로필
담당 영역 불과 대장장이
로마 이름 불카누스
출생 제우스와 헤라의 아들
배우자 아프로디테
자녀 아르달로스, 페리페테스 등

나는 절름발이에 못생긴 추남이야. 뭐 그렇다고 불쌍하게 생각할 것까지는 없어. 대신 난 놀라운 손재주를 가졌거든. 이 세상에 내가 만들지 못하는 건 단 하나도 없지. 그래, 나는 대장장이의 신이란다.

내가 절름발이가 된 사연을 들려줄게. 어느 날 아버지(제우스)와 어머니(헤라)가 말다툼을 했어. 어릴 때는 왠지 어머니와 더 친하잖아? 나도 이날 어머니 편을 들었지. 그랬더니 아버지가 나를 축구공 차듯 걷어차 버렸어.

나는 하늘에서 땅으로 떨어졌어. 하늘에서 땅까지가 얼마나 먼지 그때 처음 알았어. 떨어지는 데만 며칠이 걸리더라고. 내가 떨어진 곳은 렘노스 섬이었어. 그 뒤로 렘노스는 나의 섬이 되었지. 하지만 그때의 후유증으로 다리를 절게 되었어. 그렇다고 해서 아버지를 미워하지는 않아.

그런데 재미있는 건 인간 세상에서도 쇠를 다루는 대장장이는 절름발이가 많다는 거야. 매우 중요한 사람이기 때문에 다른 데로 못 가게 하려

고 일부러 그렇게 만든다더군.

나 역시 신들의 세계에서 없어서는 안 될 중요한 신이란다. 신들은 황금으로 만든 마차나 창으로 뚫을 수 없는 갑옷, 눈에 보이지 않는 그물

등을 만들고 싶을 때 나를 찾아오지. 난 무엇이든지 원하는 것을 만들어 줄 수 있거든.

남들은 그리스 로마 신화에 나오는 신들 가운데 내가 가장 못생겼다고 말해. 그래도 상관없어. 난 최고의 미녀를 아내로 얻었으니까. 내 아내가 누군지 알아? 그리스 로마 신화에서 가장 아름다운 미의 여신 아프로디테라고. 추남과 미녀의 만남이지. 어쩌면 너희들이 잘 아는 〈미녀와 야수〉의 가장 오래된 짝일지도 몰라.

어떻게 해서 아프로디테와 결혼할 수 있었는지 궁금하지? 얻는 것이 있으면 잃는 것도 있는 법이지만 잃는 것이 있으면 또 얻는 것도 있는 법이야. 내가 못생긴 데다 절름발이였기 때문에 미녀를 얻은 거지. 그런데 내 아내는 나를 별로 좋아하지 않아. 다른 신들과 더 친하게 지내지. 특히 전쟁의 신 아레스와 너무 친하게 지내. 그래서 난 결혼을 했음에도 혼자 밥 먹을 때가 더 많아.

얻는 것이 있으면 잃는 것도 있는 건데 뭐. 내가 무슨 말을 하는 거지? 얻고 잃고, 잃고 얻고, 에이 나도 모르겠다. 아무튼 난 외로워. 아내는 날 거들떠보지도 않지, 내가 사랑하는 아테나는 나를 싫어하지…….

난 외로움을 달래기 위해 오늘도 끊임없이 뭔가를 만들고 있단다.

아프로디테

>>> **프로필**
담당 영역 아름다움
로마 이름 베누스
출생 제우스와 디오네의 딸 또는
    우라노스의 딸 *확실하지 않음
배우자 헤파이스토스, 아레스
자녀 에로스, 포보스, 데이모스, 하르모니아 등

    모두 고향이 있고 부모가 있게 마련인데 나는 그게 없어. 크로노스가 나의 아버지 우라노스를 공격했을 때 흘린 피에서 태어났다고도 하고 제우스의 딸이라고도 하는데, 제우스에게 물어보아도 속 시원히 대답해 주지를 않아. 분명히 뭔가 출생의 비밀이 있는 모양이야.

    나를 오랫동안 연구한 사람의 말을 들어보면 나는 원래 아시아의 강력한 여신이었는데 그리스로 건너오면서 미의 여신이 되었다고 해. 그게 사실이든 아니든 난 이국적이고 신비로운 느낌이 좋아.

    내가 못생기고 남자답지 못한 헤파이스토스와 부부 사이라는 건 잘 알 거야. 못생긴 헤파이스토스가 모두 까발렸으니까. 그래. 솔직히 난 힘이 세고 강한 남자가 좋아. 바로 전쟁의 신 아레스지. '미녀와 야수'보다는 '전사와 미녀'가 훨씬 더 잘 어울리잖아?

    아레스와 나 사이에는 자식이 여럿 있는데 그 가운데 하르모니아라는 딸이 있어. '하르모니아'는 '조화'라는 뜻이지. 아레스와 내가 그만큼 조

화롭다는 뜻일 거야.

　내 자식 가운데 제일 자랑스러운 아이는 역시 사랑의 신 에로스야. 작은 활과 화살을 들고 다니는 아이지. 어리고 덩치도 작지만 에로스가 가진 힘은 그 어떤 힘보다 강하단다. 사랑을 이길 수 있는 힘은 없으니까. 강력한 태양의 신 아폴론조차도 에로스에게 밉보여 심하게 고생한 적이 있을 정도야.

　내가 어떻게 태어났는지 모르는 것처럼 에로스도 어떻게 태어났는지 잘 몰라. 하지만 어쨌든 내 아들이 맞아.

　그런데 에로스 그 녀석이 한번은 말썽을 부렸어. 피시케라는 아주 아름다운 공주가 있었거든. 내가 봐도 질투가 날 정도로 예쁜 아이였지. 사람들도 피시게의 아름다움에 빠져 나를 잊었어. 나를 찬양하고 숭배하는 신전에는 사람들의 발길이 뚝 끊기고 잡초만 무성하게 자랐지. 정말 화가 나더라고.

　나는 에로스에게 눈엣가시 같은 피시케를 처리하라고 명령했어. 그런데 이 녀석이 그만 그녀를 사랑하게 된 거야. 어미 마음에 상처를 입힌 여자를 사랑하다니. 괘씸한 녀석.

　혹시 작은 활과 화살을 든 아이와 몹시 아름다운 여자가 함께 있는 그림을 보면 그 여자는 바로 세상에서 가장 아름다운 여신 아프로디테라고 생각하면 돼. 피시케가 아니라 바로 나, 아프로디테 말이야.

　이제 나를 짝사랑했던 헤르메스를 만나 봐. 그와 나 사이에서는 남자

이기도 하고 여자이기도 한 헤르마프로디토스가 태어났어. 하여간 엉뚱한 남자야.

헤르메스

>>> **프로필**
담당 영역 전령, 상업
로마 이름 메르쿠리우스
출생 제우스와 마이아의 아들
자녀 헤르마프로디토스, 아우톨리코스 등

나는 21세기를 대표하는 신이야. 왜냐고? 나는 제우스의 말을 인간에게 전달하는 전령의 신이기도 하고, 상업의 신이기도 하며, 도둑들의 신이기도 하고, 나그네를 지켜 주는 길의 신이기도 하거든. 한마디로 말해서 신의 말을 해석해서 인간에게 알기 쉽게 전달하고, 사람들 사이의 거래나 소통 등 문화에 관한 일을 하고 있다는 말씀이야.

21세기는 문화가 꽃핀 시대니까 그런 점에서 나만큼 21세기에 잘 어울리는 신은 없지. 맡은 일이 너무 많아서 바쁜 게 흠이지만 말이야. 내가 맡은 일이 뭐냐면 떠벌떠벌, 나불나불…….

시끄럽다고? 그래, 원래 내가 말이 많아. 내 아버지는 제우스이고 어머니는 아틀라스의 딸 마이아야. 아틀라스는 잘 알다시피 지구를 짊어지고 있는 티탄이지. 아버지(제우스)와 싸운 티탄 중 하나인데 싸움에서 진 벌로 무거운 지구를 어깨에 짊어지게 된 거야.

내가 태어나서 제일 먼저 한 일은 도둑질이었어. 사촌인 아폴론의 소

를 훔쳤지. 아주 기가 막힌 방법으로 말이야. 우선 소를 끌고 나온 다음 소의 꼬리를 잡고 뒷걸음치게 만들었어. 그렇게 해서 소를 끌고 나올 때 생긴 발자국을 모두 지워 버렸지. 소가 어디로 갔는지 헷갈리게 말이야. 내가 도둑들의 신이 된 것은 이 때문이지.

소를 숨겨 두고는 내가 태어난 동굴로 돌아오다가 거북을 한 마리 잡았어. 거북의 등껍질에 줄을 일곱 개 매달아 리라라는 악기를 만들었지. 난 그렇게 태어나자마자 무척 바빴어.

그런데 아폴론이 어떻게 알아냈는지 소를 찾겠다며 나를 찾아왔어. 그는 기가 막히다는 듯이 웃더군. 왜냐하면 나는 강보에 싸인 아기였거든. 난 방긋방긋 웃어 주었어. 아폴론은 어처구니없다는 듯 고개를 절래절래 흔들더니 제우스에게 가서 고자질을 했어.

세상의 모든 일을 알고 있는 아버지(제우스)는 유쾌하게 웃으면서 나에게 소를 돌려주라고 말했어. 하지만 그렇게 순순히 내줄 수는 없지. 나는 소를 훔친 범인을 어떻게 알아냈느냐고 물었어. 아폴론은 점을 쳐서 알아냈다고 하더군. 그래서 나에게 점치는 방법을 알려 주면 소를 돌려주겠다고 했지.

그렇게 해서 나는 아폴론한테 점치는 방법을 배웠어. 그러고는 곧장 거북의 등껍질로 만든 리라를 연주했어. 음악의 신이기도 한 아폴론은 탐욕스러운 눈초리로 내 악기를 바라보더군. 나는 모른 체하며 더욱 아름답게 연주했어. 아폴론은 안달하며 내 악기를 자기한테 달라고 했어.

나는 뱀 두 마리가 서로 마주 보고 있는 황금 지팡이라면 리라와 바꿀 생각이 있다고 대답했어. 아폴론은 고개를 절레절레 흔들며 질렸다는 표정을 짓더니 마지못해 황금 지팡이를 내게 던졌어. 나도 아폴론에게 리라를 던져 주었지.

내 협상 실력이 어때? 내가 상업의 신이 된 것은 이 때문이야. 별 다른 노력도 하지 않고 태어난 지 하루 만에 점치는 법을 배우고 황금 지팡이까지 얻었잖아. 장사를 하려면 이 정도는 돼야지.

그뿐이 아니야. 헤라는 제우스가 다른 여자와 결혼해서 낳은 아이들을 끔찍이 싫어했거든. 헤라클레스가 태어났을 때에는 뱀을 보내 죽이려고까지 했지. 그런데 나만은 예외였어. 나를 무척 귀여워했지. 젖을 먹여 나를 키웠을 정도이니 말 다했지?

나는 늘 황금 지팡이를 들고 날개 달린 신발을 신고 다녀. 제우스의 말을 신이나 인간에게 전하려면 아주 바쁘게 다녀야 하거든. 내가 길의 신이 된 것은 이 때문이야. 난 가지 못하는 곳이 없어. 지하든 하늘이든 내 마음대로 다닐 수 있다고. 부럽지?

이제 아레스 형을 소개할게. 그런데 조심해. 아레스 형은 좀 무섭거든.

아레스

>>> **프로필**
담당 영역 전쟁
로마 이름 마르스
출생 제우스와 헤라의 아들
배우자 아프로디테
자녀 하르모니아, 리카온, 포보스, 데이모스 등

난 전쟁의 신 아레스야. 싸우는 걸 좋아하지. 그래, 나도 알아. 내가 인기가 없다는 것 말이야. 신들도, 인간들도 나를 별로 좋아하지 않아. 성격이 난폭해서 내가 나타나면 신이건 인간이건 모두 자리를 피하려고만 하지. 나를 좋아하는 건 아마 미의 여신 아프로디테뿐일 거야.

나는 제우스와 헤라 사이에서 태어났어. 그래서 최고의 신이 될 수 있었지. 하지만 욱하는 성격 때문에 아폴론이나 술의 신 디오니소스 같은 신들보다 낮은 대접을 받았어. 에이, 짜증 나. 한번 붙어 볼래?

나는 늘 두 아들과 함께 다녀. 그들의 이름은 포보스(공포)와 데이모스(낭패)야. 전쟁이 있는 곳에는 늘 공포와 낭패가 따라다닌다는 의미지. 그러니까 싸우지 말고 사이좋게 지내. 낭패 보기 십상이니까.

난 인기는 없지만 기분은 늘 좋아. 인간들은 항상 전쟁을 벌이거든. 그럼 난 두 아들과 함께 신 나게 전쟁놀이를 하지. 어쩌면 나는 가장 행복한 신인지도 몰라. 바보 같은 인간들 덕분에!

디오니소스

>>> **프로필**
담당 영역 술, 축제
로마 이름 바쿠스
출생 제우스와 세멜레의 아들
배우자 아리아드네
자녀 토아스, 스타필로스 등

난 다른 사촌들과 달리 어머니가 인간이었어. 물론 아버지는 제우스지. 우리 아버지의 사랑 이야기를 들려줄게.

아버지는 페니키아의 공주 에우로페를 사랑했어. 그는 황소로 변신해 에우로페를 등에 태우고 아시아의 페니키아에서 바다 건너 크레타 섬까지 헤엄쳐 갔어. 에우로페(Europe)가 건너간 곳이 바로 유럽(Europe)이야. 아버지는 에우로페를 무척 사랑했지만 인간은 신과 달리 죽기 때문에 영원히 사랑할 수는 없었어. 그래서 에우로페를 크레타의 왕에게 시집보냈지.

그러던 어느 날, 제우스가 하늘에서 땅을 내려다보다가 에우로페와 아주 많이 닮은 여자를 발견했어. 바로 우리 엄마 세멜레였지. 세멜레는 페니키아의 왕자 카드모스의 딸이면서 에우로페의 조카야. 그러니까 에우로페와 서로 닮았을 수밖에. 나중에 에우로페는 나의 고모가 되지.

제우스가 에우로페를 납치해 가자 내 외할아버지인 페니키아의 왕은

장남 카드모스에게 에우로페를 찾아오라고 명령했어. 카드모스는 그 명령에 따라 그리스에 갔다가 그곳에서 테베라는 도시를 건설했지. 그러니까 테베의 왕 카드모스의 딸인 세멜레는 테베의 공주였던 거야.

그날 밤 아버지(제우스)가 세멜레의 방에 찾아왔어. 둘은 서로 사랑했어. 그런데 그만 헤라에게 들키고 말았어. 결국 헤라의 농간으로 어머니는 불에 타 죽고 말았지. 자세한 이야기는 어머니에게 직접 들어 봐.

그런데 어머니(세멜레)의 배 속에 내가 들어 있었어. 아버지는 잿더미 속에서 나를 찾아냈지. 제우스는 자기 허벅지를 찢어서 그 속에 나를 집어넣었어. 나는 아테나처럼 아버지의 몸속에서 자라야 했지.

헤라는 세멜레가 죽자 이번에는 나를 괴롭혔어. 나는 헤라 때문에 미치광이가 되어 세상을 떠돌아다녔어. 제정신이 돌아온 건 프리기아의 레아를 만난 뒤였지. 그녀는 나의 광기를 치료해 주었고 종교 의식을 알려 주었어.

그리고 난 포도나무를 발견했어. 그것으로 포도주를 빚었지. 그 때문에 나는 매우 강력한 힘을 지닌 술의 신이 되었어. 에로스의 사랑도 강하지만 술도 강한 힘이란다. 제우스의 아들 가운데 나와 맞먹는 힘을 가진 이는 아폴론뿐이지.

아폴론이 태양의 신으로 낮을 지배한다면 나는 술의 신으로 밤을 지배해. 아폴론이 이성을 다스린다면 나는 감성을 다스리지. 아폴론이 질서를 좋아한다면 나는 무질서를 좋아해. 나는 축제의 신이고 놀이의 신

이야. 게다가 아폴론과 달리 나는 인기가 매우 많지. 아폴론이 들으면 약 오를걸!

 훗날 나는 날 괴롭히던 헤라와 화해했어. 헤파이스토스가 만든 함정에 빠져 고통을 겪고 있을 때 내가 그에게 술을 먹여 취하게 해서 그녀를 구해 줬거든.

넓고 깊게 신화 읽기

그리스 로마 신화의 네 시대

그리스 로마 신화에서는 인류의 역사를 금속에 비유해 네 시대로 구분합니다.

최초의 시대는 '황금 시대'입니다. 계절은 늘 춥지도 덥지도 않은 봄이었고, 농사를 짓거나 사냥을 하지 않아도 땅에서 얼마든지 먹을 것을 얻을 수 있었습니다. 풍요로운 열매가 곳곳에 널려 있고, 강에도 젖과 꿀이 흘러넘쳤지요.

따라서 인간은 더 많이 차지하려고 서로 전쟁을 벌이거나 위협하지 않았고 당연히 무기도 없었습니다. 또한 아무것도 걱정하지 않았으며 몸이 늙지 않아 죽지도 않았습니다. 매일같이 연회를 열어 흥청망청 먹고 마셨습니다. 이 시대 사람들이 멸망한 것은 잠을 너무 많이 잤기 때문이라고 합니다.

그 다음은 '은의 시대'였습니다. 이 시대에는 땅이 더 이상 먹을 것을 거저 주지 않았습니다. 사람들은 먹고 살기 위해 땅을 일구고 씨를 뿌렸습니다. 그러나 다행히 땅이 비옥해서 크게 노력하지 않아도 많은 곡식을 거둘 수 있었지요.

이 시대 사람들은 지금보다 수명이 훨씬 길었지만 어린아이처럼 나약했습니다. 작은 일에도 불평을 했고 사소한 일로 싸움을 벌이기 일쑤였지요. 제우스는 그런 나약한 모습에 실망하여 인간을 모두 없앴습니다.

그 다음에 찾아온 시대는 '청동의 시대'였습니다. 이 시대부터 신이 1년을 4계절로 나누었기 때문에 인간은 여름의 더위와 겨울의 혹독한 추위를 견뎌야 했습

헤라클레스의 열두 가지 과업 신과 인간 사이에서 태어나 갖가지 모험에 도전하는 헤라클레스는 청동의 시대를 대표하는 인물이라고 할 수 있다.

니다. 더위와 추위를 막아 줄 집도 필요했습니다. 또한 은의 시대보다 땅이 비옥하지 않아서 더 열심히 노력해야 했지요.

이 시대는 영웅들의 시대이기도 합니다. 영웅들은 신과 인간 사이에서 태어났습니다. 그들은 모험과 도전, 거짓말, 사기, 예술과 도덕 등 인간이 살아가는 데 필요한 것들을 알려 줌으로써 인간의 삶을 크게 변화시켰습니다.

마지막 네 번째 시대는 '철의 시대'입니다. 사람들의 마음에 욕심이 생겼고 그 때문에 죄악이 넘쳐나기 시작했습니다. 인간이 지녀야 할 미덕인 사랑, 명예, 믿음 따위가 사라지기 시작했고 그 대신 폭력과 살인이 마구 날뛰었습니다.

철의 시대가 되면 신들이 인간에게 절망을 느껴 인간 세상에서 멀어지기 시작합니다. 신들이 떠나간 시대이지요. 지금 우리가 살고 있는 시대가 바로 철의 시대입니다.

프로메테우스가 들려주는
신들의 다툼과 인간의 시대

신들 사이의 갈등과 다툼이 제우스 형제의 승리로 끝나자 이번에는 신들과 인간 사이에 갈등이 생겨났어. 제우스는 대홍수를 일으켜 인간들을 벌했고, 인간에게 불을 준 프로메테우스의 후손만 살아남았지. 프로메테우스가 그 무섭고 슬픈 이야기를 들려줄 거야.

>>> 계보에서 찾아보는 등장인물

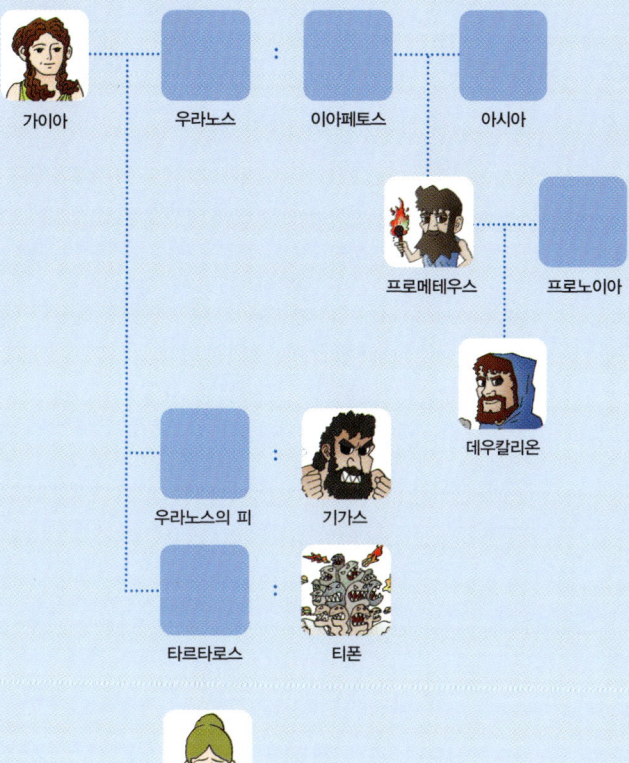

*판도라 헤파이스토스와 아테나가 만든 여자

프로메테우스

>>> **프로필**
특징 인간을 창조한 신
출생 티탄 이아페토스와 아시아
 (또는 클리메네)의 아들
배우자 프로노이아
자녀 데우칼리온 등

내 소개를 하지. 나는 크로노스의 형제로, 인간을 만들고 인간에게 불을 준 프로메테우스야. 나도 티탄이지. 참 그런데 이거 알아? 티탄(Titan)에서 영어 타이탄이라는 말이 나왔다는 거. 거인이라는 뜻이야. 영화로도 잘 알려진 침몰한 유람선 타이타닉 호도 티탄에서 유래했지.

난 미래를 내다보는 능력이 있어. 프로메테우스라는 이름도 '앞서 생각한다'는 뜻이거든. 인간들은 그런 능력을 초능력이라고 하더군.

제우스 형제와 크로노스 형제들이 싸움을 벌였을 때 나는 제우스 형제들이 이길 거라고 예상했어. 그래서 제우스의 편을 들었지. 그 덕분에 다른 형제들이 지하 감옥에 갇힐 때 나만 무사했어.

나는 앞으로 새로운 세상이 펼쳐질 거라고 예상했어. 바로 인간들의 시대지. 나는 인간을 창조했어. 인간은 제우스가 창조했다고 생각하는 사람들이 많은데 그건 잘못 알고 있는 거야. 내가 진흙으로 인간의 모습을 만들고 지혜의 여신 아테나가 영혼을 불어넣었지. 이제 알겠니? 너희

들을 만든 게 바로 나라는 걸.

나는 인간들에게 많은 것을 주었어. 신들에게 제물을 바칠 때 기름이나 내장은 신들이 먹고 맛있는 살코기는 너희들이 먹을 수 있게 된 것도 다 내 덕분이야.

처음 제물을 나눌 때 기름과 내장은 고소한 냄새가 나는 종이에 싸고, 살코기는 비릿한 냄새가 나는 종이에 싸서 제우스에게 선택하라고 했거든. 제우스는 내 꾀에 속아 넘어가 기름과 내장을 선택했어. 그때 제우스의 화난 모습을 봤어야 하는데. 아주 방방 뜨더라니까.

그러나 무엇보다 인간에게 힘이 된 것은 불이었어. 당시 불은 신성한 것이어서 신들이 철저하게 관리했거든. 그것을 내가 몰래 훔쳐서 인간에게 주었기 때문에 인간이 문명을 건설할 수 있었지.

불은 단순히 빛과 열만을 뜻하는 게 아니야. 어둠인 무지를 지식과 지혜로 밝힌다는 의미지. 다시 말해서 인간이 동물과 달리 이성을 갖게 되었음을 뜻하는 거라고. 이때의 불은 '계몽'을 의미하지.

불을 훔쳐서 인간에게 주었다는 이유로 제우스는 나를 바위에 묶고 독수리로 하여금 내 간을 쪼아 먹게 했어. 독수리는 제우스의 상징이지. 나는 신이기 때문에 죽지도 않고 간도 매일 새로 생겼어. 그러나 간을 쪼이는 고통은 말로 표현하기 힘들 정도였지.

그래도 나는 제우스에게 굴복하지 않았어. 내가 무너지면 인간 세상도 무너질 테니까. 내게는 비장의 무기가 하나 있었어. 미래에 제우스를

몰아낼 제우스의 아이가 누군지 알고 있었거든. 제우스는 그것을 늘 두려워했어.

어느 날 우리는 협상을 했어. 나는 그 아이가 누군지 알려 주고 제우스는 나를 풀어 주기로 했지. 그 아이가 누구냐고? 그건 바로 바다의 여신 테티스의 자식이야. 제우스와 테티스 사이에서 아이가 태어나면 그 아이가 제우스를 몰아내고 신들의 왕이 될 운명이었지.

제우스는 그 비밀을 알자마자 테티스를 결혼시키려고 서둘렀어. 테티스의 신랑은 인간이었지. 둘 사이에서 태어난 아이는 바로 트로이 전쟁의 영웅 아킬레우스야. 제우스가 아킬레우스를 좋아했던 이유가 바로 여기에 있어. 자기와 닮은 구석이 있었거든. 신으로 태어났다면 자기를 몰아낼 수도 있었다는 점에서 말이야.

저쪽에서 검은 구름이 몰려오네. 신들의 세계와 인간들의 세계를 휘감아 혼란에 빠뜨릴 검은 구름 말이야. 이제부터 신들의 전쟁과 인간의 멸망 그리고 새로운 탄생에 대해 이야기해 줄게.

기가스

>>> **프로필**
특징 몸의 반은 인간이고 반은 뱀인 거인족
출생 우라노스와 가이아의 아들
※ 한 명은 기가스라 하고, 스물네 명을 통틀어 기간테스라고 함

 우리들의 어머니이고 신들의 창조자인 가이아는 신들의 세계에 불만이 많았어. 크로노스를 비롯한 자식들이 지하 감옥에 갇힌 걸 보는 것도 괴로웠지만, 손자뻘인 신들이 새로운 세상을 만든다며 설치고 돌아다니는 꼴도 보기 싫었지.

 결국 어머니는 사고를 쳤어. 제우스 형제를 놓아내기 위해 아버지 우라노스와 또 다른 거인을 낳았지. 바로 기가스(Gigas)야. 거인을 뜻하는 자이언트(Giant)는 이 기가스에서 유래했어.

 기가스는 몸집이 클 뿐만 아니라 힘도 장사였어. 생김새는 보기만 해도 공포를 느끼기에 충분했지. 머리카락과 수염이 무성했고 발은 용의 비늘로 덮여 있었어.

 그런데 잠깐! 기가스와 제우스 형제들의 싸움을 보기 전에 헤라클레스를 만나 봐야 해. 헤라클레스는 제우스의 비밀 병기(전쟁에 쓰는 무기)였거든. 제우스는 똑똑했기 때문에 전쟁이 일어날 것을 미리 알고 준비

했던 거야.

신들이 기가스를 멸망시킬 수는 없지만 인간의 힘을 빌리면 멸망시킬 수 있다는 예언이 있었어. 그래서 제우스는 변장을 하고 테베의 여왕 알크메네를 찾아가 임신시켰어. 그렇게 해서 태어난 것이 그리스 최고의 영웅 헤라클레스야.

가이아도 이 사실을 눈치챘어. 가이아는 인간의 힘으로부터 기가스를 보호하기 위해 약초를 찾아다녔어. 그 일은 즉각 제우스에게 알려졌고 제우스는 태양과 달이 뜨지 못하게 한 뒤 기가스보다 먼저 약초를 찾아냈어. 본격적인 전쟁을 하기 전에 치열한 정보 전쟁을 먼저 벌였던 거지.

그 뒤 올림포스 신들과 기가스들 사이에 본격적인 전쟁이 벌어졌어. 그 전쟁을 '기간토마키아'라고 하는데 전쟁에서 먼저 공격을 시작한 것은 기가스들이었지. 전쟁이 시작되자 제우스는 헤라클레스를 불렀어. 기가스들은 하늘을 향해 큰 암석과 불붙은 떡갈나무를 던지기 시작했지.

기가스 가운데 가장 위대한 전사는 포르피리온과 알키오네우스였어. 특히 알키오네우스는 어머니(가이아)와 붙어 있는 한, 그러니까 땅에 발을 디디고 있는 한 무한한 힘을 발휘할 수 있었어.

알키오네우스는 헤라클레스와 맞붙었어. 그는 헤라클레스가 쏜 불화살에 맞아 쓰러졌지만 땅의 힘을 받아 더 강한 모습으로 일어났어. 그 모습에 헤라클레스가 어리둥절한 표정을 짓자 지혜의 여신 아테나가 나타나 알키오네우스를 죽일 방법을 알려 주었어. 헤라클레스는 알키오네우스를 하늘로 번쩍 들어 올려서, 그러니까 땅에 발을 디디지 못하게 한 다음 목 졸라 죽였지.

또 한 명의 강력한 기가스인 포르피리온은 헤라와 맞붙었어. 헤라는 아주 매혹적인 모습으로 변신했어. 포르피리온은 그 모습에 넋을 잃고 멍하니 서 있었지. 헤라클레스는 그 순간을 놓치지 않고 활을 쏘아 죽였어. 포르피리온은 덩치만 컸지 어린애나 다름없었지.

싸움은 힘만 가지고 되는 게 아닌데 어머니는 그걸 몰랐던 거야. 나처럼 머리가 좋아야지, 쯧쯧.

신들과 기가스들의 싸움은 신들의 압도적인 승리로 끝이 났어. 아폴론과 아르테미스는 연신 활을 쏘아 댔고, 헤파이스토스는 쇠를 녹인 뜨거운 물을 퍼부었으며 포세이돈은 바다로 도망쳐 온 기가스들을 붙잡았어. 그리고 헤라클레스가 활을 쏘아 마무리했지. 기가스의 숨통을 끊는 것이 헤라클레스의 임무였으니까.

올림포스 신들과 기가스들의 전쟁인 기간토마키아는 이렇게 끝이 났어. 하지만 어머니(가이아)는 포기하지 않았어. 아니, 예전보다 더 강한 분노를 드러냈지. 그러더니 급기야 그 무섭고 끔찍한 일이 벌어진 거야.

티폰

>>> **프로필**
특징 100개의 용 머리를 가진 괴물
출생 가이아와 타르타로스의 아들
배우자 에키드나
자녀 오르트로스, 히드라, 키마이라 등

'가이아 이론'이라는 게 있어. 1970년대 대기화학자인 J.러브록이 발표한 이론이지. 그 이론에 따르면 지구는 생명체와 같아서 스스로를 치유할 능력이 있는데, 그 과정에서 무분별하게 환경을 파괴한 인간에게 홍수나 지진, 폭풍 등을 보내 복수한다는 거야. 러브록이 어머니(가이아)를 만났나? 어떻게 그렇게 정확히 알고 있지?

다만 어머니는 러브록의 주장과 달리 인간이 아니라 신들에게 복수하고 싶어 했어. 그래서 이번에는 타르타로스와 함께 사람과 짐승을 합친 티폰이라는 괴물을 낳았지. 티폰은 이 세상에 나타난 괴물 가운데 최고로 강하고 무서운 녀석이야. 너희들이 알고 있는 공룡이나 킹콩 따위는 상대도 안 되지. 티폰이 훅 하고 불기만 해도 지구 끝까지 날아갈걸!

티폰의 생김새를 보면 어깨에서 허벅지까지는 인간의 모습이야. 그런데 덩치가 엄청나게 크지. 땅 위에 있는 그 어떤 산보다 컸어. 하도 커서 서 있으면 가끔 별이 머리에 부딪치곤 했다니까. 어디 그 뿐인가? 팔도

길어서 한쪽 팔을 쭉 뻗으면 지구의 서쪽 끝에 닿고, 다른 쪽 팔을 뻗으면 지구의 동쪽 끝에 닿을 정도였지. 허풍 치지 말라고? 그 정도로 컸다는 얘기지 뭐.

티폰의 머리는 모두 100개야. 머리들은 모두 불을 뿜는 용이었어. 그런가 하면 허벅지 아래는 거대한 독사가 똬리를 튼 모습이었는데, 똬리를 풀면 그 끝이 머리까지 닿을 정도로 길었지. 늘 쉬익 하는 소름끼치는 소리를 냈고 몸통에는 날개가 달려 있었으며 눈에서는 불을 뿜었어.

티폰이 날기 시작하면 머리와 턱에 난 긴 수염이 바람에 휘날렸어. 아주 무섭고 끔찍했지. 태풍을 뜻하는 타이푼(Typhoon)이라는 말이 티폰(Typhon)에서 나온 것도 이 때문이야. 폭풍이 무섭게 몰아치는 모습을 떠올려 보면 티폰이 어떤 괴물인지 쉽게 상상할 수 있을 거야.

그날은 잊을 수가 없어. 여러 신들이 한가롭게 놀고 있을 때였어. 갑자기 하늘이 시커멓게 변하면서 하늘에서 불과 바위가 쏟아지기 시작했어. 그러더니 티폰이 우리 신들을 덮쳤어.

신들은 공포를 느끼며 사방으로 흩어졌어. 그중 많은 신들이 동물로 변신해 이집트로 도망쳤지. 이집트에 동물 신이 유난히 많은 건 바로 이 때문이야. 신들은 그날의 공포를 잊지 못해 지금도 그리스로 돌아오지 못하고 있어.

처음 티폰과 맞선 것은 제우스였어. 제우스는 벼락을 던지고 다이아몬드로 만든 낫을 휘두르며 티폰을 공격했어. 부상당한 티폰은 도망쳤고

제우스는 기세 좋게 그 뒤를 쫓아갔지. 그러나 그건 함정이었어. 제우스는 티폰에게 붙잡히고 말았지.

티폰은 제우스의 손발의 힘줄을 잘라 곰 가죽에 싸서 동굴에 숨겨 두었어. 그러고는 반은 용이고 반은 인간인 델피네라는 괴물에게 그것을 지키게 했지.

신들의 세계에 큰 위기가 닥쳤어. 대장을 잃은 신들은 당황해서 어찌할 바를 몰라 했지. 우왕좌왕하는 신들 사이에서 침착함을 되찾은 신은 헤르메스였어. 헤르메스는 도둑의 신답게 티폰이 숨겨 놓은 제우스의 힘줄을 몰래 훔쳐 내 제우스에게 돌려주었어.

힘을 되찾은 제우스는 날개 달린 말이 끄는 마차를 타고 벼락을 던지며 티폰과 맞붙었어. 그때 결정적인 역할을 한 것이 운명의 여신들이야. 운명의 여신들은 티폰에게 죽음의 열매를 주면서 그것을 먹으면 더욱 강력한 힘을 얻게 된다고 속였어. 티폰은 아무런 의심 없이 죽음의 열매를 먹었고 그 순간 힘이 쭉 빠지는 것을 느꼈어. 그게 티폰의 운명이었던 거지.

티폰은 뒤쫓아 온 제우스에게 던지려고 산맥을 통째로 들어 올렸어. 그 순간 제우스가 벼락을 연거푸 던졌고 티폰이 들어 올린 산은 그 벼락에 맞아 무너져 내리기 시작했어. 힘을 잃은 티폰은 무너지는 산맥 아래에 깔리고 말았지.

그 뒤 티폰이 죽었는지 살았는지는 아무도 몰라. 다시 기운을 차려서

산맥을 뚫고 세상에 나타난다면 끔찍한 일이 벌어지겠지?

티폰은 그리스 로마 신화에 나오는 수많은 괴물들의 아버지야. 티폰이 활동했던 기간은 짧지만 수많은 괴물들을 탄생시켰지. 앞으로 곳곳에서 티폰의 후손들을 만나게 될 거야.

괴물이 많이 태어난 건 비극이지만 어머니(가이아)가 제우스에 대한 복수심을 접은 건 다행스러운 일이야. 신들의 전쟁은 그렇게 끝이 났지만 인간들에게는 비극이 시작되었지.

판도라

>>> 프로필
특징 신들이 창조한 인간 여자
출생 헤파이스토스와 아테나가 신들의 도움을 받아 만듦
배우자 에피메테우스
자녀 피라

판도라라는 이름은 자주 들어 보았을 거야. 그리스 로마 신화뿐만 아니라 다른 곳에서도 많이 쓰는 이름이니까. 특히 '판도라의 상자'는 위험을 뜻하는 말로 자주 쓰이지.

사실 판도라는 '선물'이라는 뜻이야. 신들이 인간에게 준 선물이지. 하지만 달갑지 않은 선물이야. 무서운 흉계가 도사리고 있거든.

제우스와 나(프로메테우스)는 늘 사이가 나빴어. 내가 항상 인간의 편에 섰기 때문에 제우스에게는 눈엣가시였지. 제우스는 내가 창조한 인간들도 싫어했어. 그는 인간들을 파멸시키고 싶어 했지. 그러던 어느 날, 드디어 그날이 왔어.

제우스는 먼저 여자를 만들게 했어. 대장장이의 신 헤파이스토스가 진흙으로 겉모습을 만들고, 지혜의 여신 아테나가 생명을 불어넣고 옷을 입혀 주었으며, 아프로디테는 아름다움을, 헤르메스는 교활함과 배신이라는 성격을 주었지. 그래, 그 여자의 이름이 판도라야.

제우스는 판도라를 나, 프로메테우스가 아닌 내 동생에게 선물했어. 내 동생은 에피메테우스인데 그 이름은 '나중에 생각한다' 라는 뜻이야. 나는 동생에게 신들이 주는 선물은 받지 말라고 경고했어. 비극이 일어날 걸 알았거든.

동생 에피메테우스는 판도라의 미모에 반해 나중 일은 생각도 하지 않고 덜컥 판도라를 아내로 맞이했어. 앞날을 알 수 있다고 해서 모든 일을 해결할 수 있는 건 아니야. 나 혼자 사는 세상이 아니니까.

난 에피메테우스 부부와 함께 살았는데, 우리 집에는 인간들에게 주고 싶지 않은 것만 모아 둔 상자가 있었어. 절대로 열어서는 안 되는 상자였는데 판도라가 그만 그 상자를 열고 말았어. 나와 인간을 싫어하는 제우스의 바람대로 된 거지.

그 상자 안에는 온갖 질병과 나쁜 생각, 슬픔, 고통, 사악함 등이 들어 있었는데 상자가 열리면서 모두 세상 속으로 날아가고 말았어. 판도라는 얼른 상자를 닫았지만 이미 모든 것이 날아간 뒤였지. 단 하나 남은 건 오직 희망뿐이었어. 그로써 인간은 오직 희망에 의지해 살게 되었단다.

데우칼리온

>>> **프로필**
특징 테살리아 프티아 왕국의 왕
출생 프로메테우스와 프로노이아의 아들
배우자 피라
자녀 헬렌, 암픽티온 등

상자 안에 갇혀 있던 나쁜 것들이 세상에 퍼지면서 인간 세계에 질병과 다툼, 절망, 사악함 등이 판치게 되었어. 착하고 평화롭게 살던 사람들이 서로를 속이고, 쉽게 사람을 죽이고, 차마 눈 뜨고 볼 수 없는 나쁜 짓을 예사로 저질렀지. 제우스는 그 모습을 보고 빙긋이 웃었어.

인간 세계가 사악함으로 물들자 제우스는 신들을 한자리에 불러 모았어. 마침 다른 신들도 인간의 악한 행동에 진저리를 치고 있던 터라 제우스가 대홍수로 인간을 파멸시키겠다고 하자 대부분의 신들이 찬성했어. 사악한 제우스!

나는 내 아들 데우칼리온과, 에피메테우스와 판도라 사이에서 태어난 딸 피라를 불렀어. 그리고 앞으로 대홍수가 일어나리라는 걸 알려 주고 배를 만들게 했지.

아닌 게 아니라 얼마 뒤 하늘에서 비가 쏟아지고 땅에 물이 차오르기 시작했어. 세상은 곧 물에 잠겼지. 이 대홍수에서 살아남은 건 배를 준비

했던 데우칼리온과 피라뿐이었어. 대홍수가 끝나자 세상은 적막에 잠겼어. 데우칼리온과 피라는 눈물을 흘렸지.

신들도 다르지 않았어. 그들은 완전히 파괴된 세상을 보고는 두려움과 슬픔을 느끼며 몹시 후회했어. 대홍수가 이렇게까지 무섭게 세상을 파괴할 줄은 상상도 못했지.

데우칼리온과 피라는 내가 일러 준 대로 신들에게 제물을 바치고 제사를 지냈어. 대홍수 때문에 제물을 바치는 인간이 없어 굶주리고 있던 신들이 파리 떼처럼 바글바글 몰려들었어.

배를 채운 신들은 원하는 것을 들어주겠다고 말했어. 데우칼리온은 세상이 다시 인간으로 가득 차기를 바란다고 대답했지. 인간을 파멸시킨 길 후회하던 신들은 고개를 끄덕였어. 제우스가 대표로 나서서 이렇게 말했지.

"너희 둘 다 눈을 가리고 뒤로 돌아서서 어머니의 뼈를 던져라! 원하는 것을 얻을 수 있을 것이다."

데우칼리온과 피라는 한참을 고민하다가 어머니의 뼈가 무엇인지 알아차렸어. 바로 돌이었지. 어머니인 가이아의 뼈는 돌이니까. 둘은 눈을 가리고 돌을 등 뒤로 던졌어. 그렇게 떨어진 돌들은 하나하나 인간으로 변했어. 그렇게 해서 다시 인간들이 태어났고 본격적으로 인간의 시대가 시작되었지.

넓고 깊게 신화 읽기

고대 그리스의 역사

그리스 신화가 탄생한 고대 그리스의 역사는 크레타에서 시작됩니다. 크레타의 왕 미노스는 유럽 최초의 문명인 미노아 문명을 발전시켰지요.

크레타의 뒤를 이어 문명이 발전한 곳은 펠로폰네소스 반도(그리스 남부)에 있는 미케네 지역입니다. 기원전 2000년쯤에 사람들이 모여들기 시작했고, 앞선 미노아 문명의 영향을 받아 문명의 꽃을 피웠습니다.

크레타 지역과 미케네 지역의 대표적인 차이점은 성벽입니다. 크레타에서는 적의 침입을 막기 위해 세운 성벽이 발견되지 않았는데 미케네에서는 높은 성벽이 발견되었지요. 그만큼 미케네 지역에 전쟁이 많았다는 뜻입니다. 미케네가 몰락한 것은 기원전 1200~1100년 사이입니다. 미케네를 무너뜨린 세력은 밝혀지지 않았지만 북쪽에서 내려온 세력일 가능성이 높습니다.

미케네 문명 이전과 이후의 가장 큰 차이는 바로 문자입니다. 미케네 문명 이전에는 문자를 사용했는데 북쪽에서 내려온 철기를 쓰는 세력은 문자를 사용하지 않았지요. 그래서 300~400년 정도 문자 없는 시대가 이어지는데, 그 시기를 '암흑기'라고도 부릅니다.

기원전 800년쯤에는 많은 땅을 가진 귀족이 등장합니다. 그들은 적의 침입을 막기에 알맞은 높은 언덕이나 산에 도시를 세웠는데, 그런 도시를 아크로폴리스라고 합니다.

이후 그리스 곳곳에 도시 국가가 생겨나기 시작합니다. 식민 도시가 많이 들어서고 무역을 통해 시민들이 경제력을 가졌습니다. 시민들의 힘이 강해지면서 귀족과 시민이 서로 맞섰고, 그 힘의 균형을 유지하기 위해 민주 정치를 탄생시켰지요.

기원전 5세기쯤에는 전성기를 맞이합니다. 지금의 그리스뿐만 아니라 소아시아, 에게 해의 여러 섬, 이탈리아, 스페인 등에 여러 도시 국가를 세웠지요.

아크로폴리스 '높은 곳에 있는 도시'라는 뜻으로 도시 국가의 수호신을 모신 여러 신전이 자리해 있다.

이후 그리스는 아테네를 중심으로 페르시아와 전쟁을 치른 뒤 문화적으로 크게 발전했습니다. 하지만 아테네와 스파르타가 갈등을 겪으면서 도시 국가들이 몰락의 길을 걸었고, 급기야 북쪽에 있는 마케도니아의 왕 알렉산드로스가 그리스를 통일하기에 이르지요.

>>> 계보에서 찾아보는 등장인물

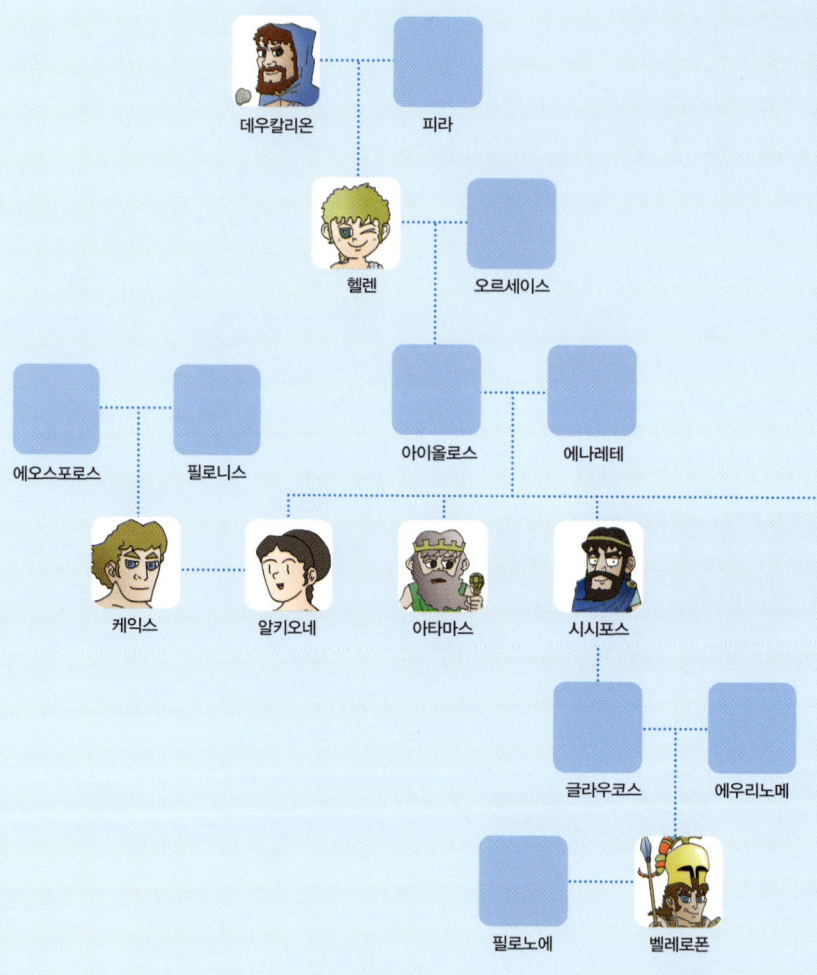

헬레니즘의 탄생!
헬렌의 후손들

대홍수가 끝나고 세상은 다시 인간들로 가득 찼어.
이때부터 그리스 로마 신화는 인간들의 이야기로 넘어가지.
흥미로운 사건과 모험, 사랑과 갈등의 대서사시가 펼쳐지는 거야.
가장 먼저 만날 집안은 헬렌 집안이야.

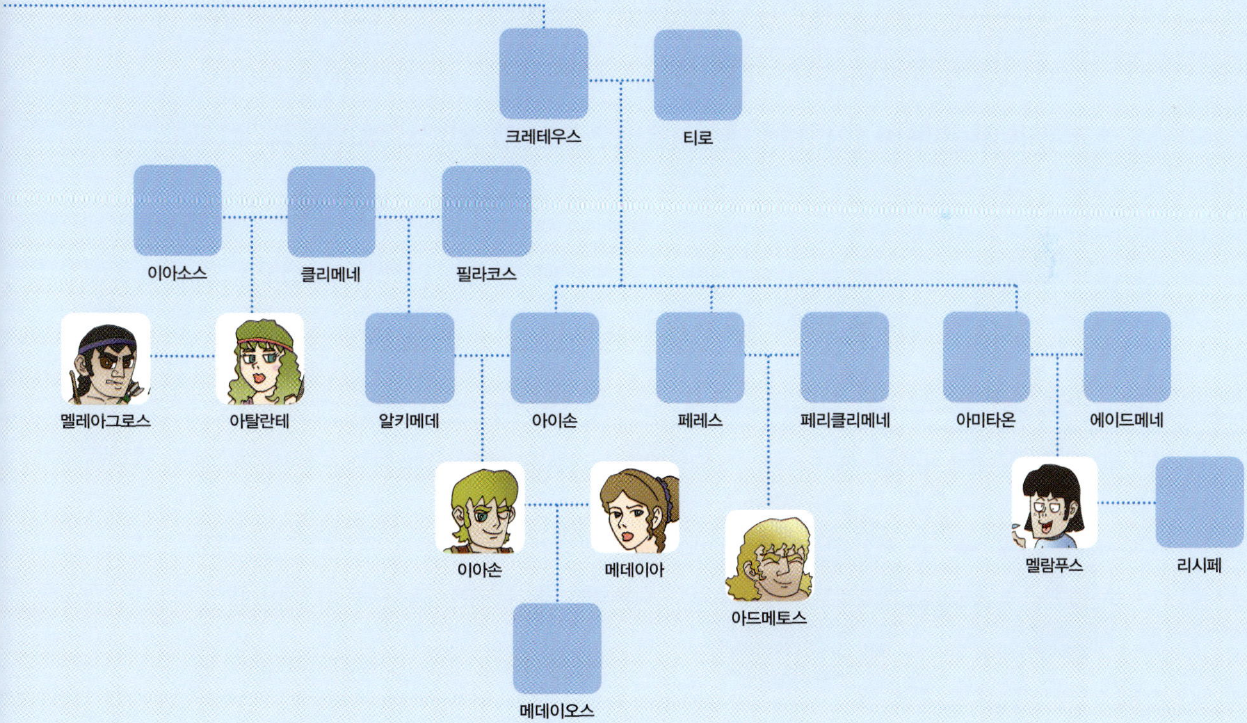

- 크레테우스 — 티로
- 이아소스
- 클리메네
- 필라코스
- 멜레아그로스 — 아탈란테
- 알키메데 — 아이손
- 페레스
- 페리클리메네
- 아미타온
- 에이드메네
- 이아손 — 메데이아
- 아드메토스
- 멜람푸스
- 리시페
- 메데이오스

헬렌

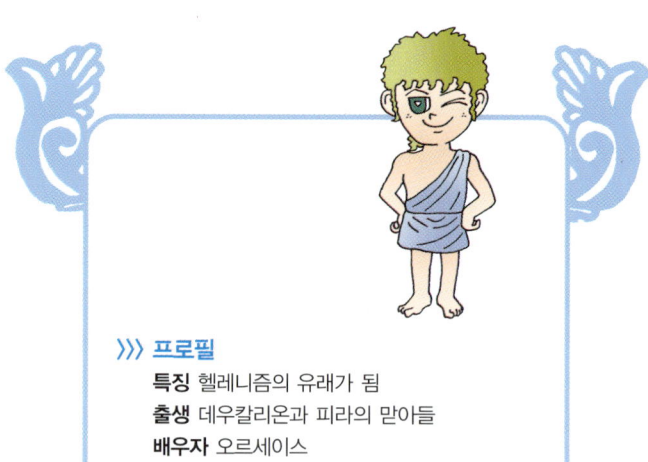

>>> **프로필**
특징 헬레니즘의 유래가 됨
출생 데우칼리온과 피라의 맏아들
배우자 오르세이스
자녀 도로스, 크수토스, 아이올로스 3형제

나는 헬렌이야. 여자 이름 같지만 남자란다. 우리 부모는 대홍수 속에서 유일하게 살아남은 데우칼리온과 피라이고, 난 그들의 맏아들이야.

우리 부모가 어깨 너머로 던진 돌이 사람으로 변했다는 이야기, 기억하지? 나는 그렇게 태어난 사람들에게 그리스 사람이라는 이름을 주고 땅도 나누어 주었어.

훗날 알렉산드로스 왕이 강력한 군대를 이끌고 아시아를 공격했을 때 그리스의 문화와 아시아의 문화가 만나 새로운 문화가 만들어졌거든. 그것을 헬레니즘이라고 하는데, 바로 내 이름에서 딴 거야. 헬레니즘이란 헬렌의 문화라는 뜻이지. 이렇게 문화의 시조(한 겨레나 집안의 맨 처음 조상)가 된 나는 너희 민족으로 치면 아마 단군쯤 될 거야.

내 후손은 순식간에 늘어났고 그리스 전체로 퍼져 나갔어. 내게는 자랑스러운 후손들이 많이 있단다. 만나 보면 재미있을 거야.

〉〉〉〉〉 헬렌의 후손들

데우칼리온과 피라에서 시작된 헬렌의 후손들은 다음과 같다. 이후 아이올로스와 에나레테 사이에서 난 자식들 중 크레테우스, 데이온, 카나케, 페이시디케 등에서 후손들이 계속 퍼져 나갔다.

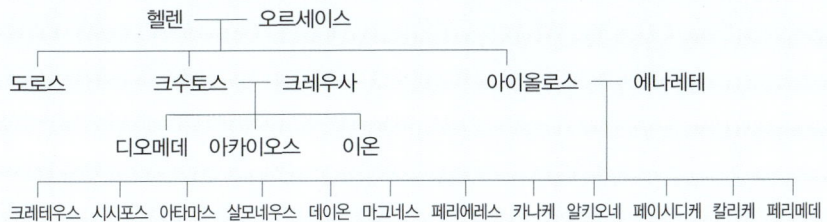

케익스와 알키오네

>>> **프로필**
출생
케익스 – 에오스포로스와 필로니스의 아들
알키오네 – 아이올로스와 에나레테의 딸
자녀 없음

나는 케익스야. 테살리아의 왕이지. 난 영광스럽게도 헬렌의 딸 알키오네와 결혼했어. 우리는 서로 아끼고 사랑하며 살았어. 찰떡처럼 늘 붙어 다녔지.

그런데 언제부턴가 왕국에 이해하기 힘든 이상한 일들이 자꾸만 일어났어. 고민 끝에 아폴론이 지배하는 델포이에 가서 신탁을 하기로 했지. 델포이는 배를 타고 가야 하는 곳인데, 뱃길은 늘 위험했어.

아내는 가지 말라고 울며불며 애원했어. 헤어지기도 싫거니와 바다가 위험하다며 한사코 말렸어. 하지만 명색이 왕인데 왕국에서 일어나는 일을 모른 체할 수는 없지.

알키오네는 자기도 따라가겠다며 나섰어. 하지만 배로 여행하는 건 여자가 감당하기엔 너무 힘든 일이야. 난 안 된다고 딱 잘라 말하고는 부하들과 함께 배를 타고 델포이로 떠났지.

아내의 말을 들었어야 했는데…… 괜히 떠났어. 배가 뜨자마자 풍랑을 만난 거야. 배는 심하게 흔들렸고 뱃멀미가 나기 시작했어. 그런데 뱃멀미는 문제도 아니었어. 배가 가라앉기 시작했거든. 이렇게 죽을 순 없어……. 난 마지막으로 아내의 이름을 불렀어.

"알키오네!"

난 내가 죽더라도 아내가 내 시체를 찾아내길 간절히 바랐어. 물속은 정말 춥거든. 그 뒤에 일어난 일은 알키오네가 말해 줄 거야. 난 결국 죽었으니까.

나는 알키오네야. 남편 케익스가 델포이로 떠난 뒤 난 쭉 헤라 신전에서 살다시피 했어. 가족의 사랑과 안녕을 다스리는 헤라에게 의지해 남편이 무사히 돌아오길 기다렸지. 잠깐 헤라 얘기를 하자면 헤라는 가족을 중요하게 여겨서 남편인 제우스가 다른 여자를 만나고 다니는 걸 끔찍이 싫어했어.

나는 남편이 무사하기를 빌고 또 빌었어. 남편이 떠나고 나서 며칠 뒤 난 아주 무서운 꿈을 꾸었어. 물에 젖은 케익스가 나타나 자기가 죽었다는 거야. 헤라가 잠의 신을 보내 케익스의 죽음을 알려 준 거지.

난 너무 무서워 잠에서 깼어. 그러고는 무작정 바다로 뛰어갔지. 그때 바다 저쪽에 무언가 떠 있는 게 보였어. 난 바다로 뛰어들었어. 그리고 순간 정신을 잃었어. 잠시 후 정신을 차려 보니 내가 바다 위를 날고 있는 거야. 몸에는 날개가 달려 있고.

나는 가볍게 바다 위를 날다가 바다에 떠 있는 어떤 물체 위에 내려앉았어. 내 짐작대로 그건 케익스의 시체였어. 눈에서 눈물이 뚝뚝 떨어졌어. 얼마나 지났을까? 케익스의 몸이 변하기 시작하더니 작은 물총새가 되었어. 우리는 서로 포옹했지. 어? 그러고 보니 나도 물총새가 되었네!

신들이 우리를 불쌍히 여겨 물총새로 만들어 준 거야. 우리는 그 뒤로 바다를 떠나지 않았어. 심지어 알을 낳을 때도 여느 새들과 달리 바다에 집을 짓고 알을 낳았어. 알을 낳을 때가 되면 신들이 바다를 평온하게 만들어 주었어. 그래서 알이 깨질 염려가 없었지. 지금도 사람들은 물총새가 알을 낳을 때에 맞춰 바다를 항해하곤 해. 신들이 바다를 평온하게 만들어 줄 거라고 믿기 때문이지.

〉〉〉〉 새가 된 또 다른 사연

케익스와 알키오네 부부가 새가 된 데에는 또 다른 이야기가 전해 온다. 케익스와 알키오네 부부는 금슬이 무척 좋았는데, 자신들을 제우스와 헤라에 비교하며 사랑을 꽃피웠다. 그 교만함에 분노한 신들이 부부를 새로 만들어 버렸다는 것이다. 케익스는 아비새로, 알키오네는 물총새로 변했다고 한다.

멜레아그로스

>>> **프로필**
특징 〈칼리돈의 멧돼지 사냥〉 이야기의 주인공
출생 오이네우스와 알타이아의 아들
배우자 클레오파트라(이다스의 딸)
자녀 알려지지 않음

나는 헬렌의 후손인 멜레아그로스야. 칼리돈의 왕자이지. 사람들은 나를 아주 잘생기고 멋진 청년이라고들 해. 게다가 난 신들의 축복을 받고 태어나 영원히 살 수 있지.

내가 태어나고 일주일 뒤 운명의 여신들이 어머니 앞에 나타나 이렇게 예언했어.

"이 아이는 인간이 얻을 수 있는 최고의 영광과 명예를 얻을 것이다."

그리고 난로에서 타고 있는 장작을 가리키며 저 장작이 다 타면 내가 죽을 거라고 말했어.

정말 죽었냐고? 그럴 리가. 어머니가 얼른 장작의 불을 꺼서 벽장 깊숙이 숨겨 놓았어. 장작이 다 타면 죽는다는 말은 거꾸로 장작이 다 타지 않는 한 계속 산다는 말이 되잖아. 아유, 그날 그 일만 아니었어도.

내 기구한 사연을 들어 봐. 우리는 매년 신들에게 제물을 바쳤어. 그런데 작년에 아버지가 깜빡하고 사냥의 신 아르테미스를 빼먹은 거야.

평소에도 성질이 사나운 아르테미스가 발끈했지.

아르테미스는 우리에게 선물을 하나 했어. 신들은 판도라 때부터 걸핏하면 사람들에게 선물을 해서 귀찮게 굴었어. 아르테미스의 선물은 사람을 잡아먹는 난폭하고 잔인한 식인 멧돼지였지. 그 멧돼지 때문에 많은 사람과 동물이 죽고 농작물의 피해도 엄청났어.

아버지 오이네우스는 그리스에서 힘깨나 쓴다는 사람들을 불러 모았어. 전쟁의 신 아레스의 아들 드리아스, 제우스의 아들로 스파르타의 유명한 쌍둥이 형제인 폴리데우케스와 카스토르, 아테네의 영웅 테세우스, 아르고 원정대의 대장이 된 이아손, 헤라클레스의 동생 이피클레스 등 많은 영웅들이 참가했지.

참, 최고의 여자 사냥꾼으로 손꼽히는 아탈란테도 참가했는데 엄청 예쁘게 생겼더라고. 난 첫눈에 반해 버렸어. 내가 결혼만 안 했어도 당장 청혼하는 건데. 정말 아쉬워.

손님이 찾아오면 9일 동안 잔치를 여는 것이 그리스의 옛 관습이야. 우리도 그 관습에 따라 그리스 곳곳에서 온 영웅들을 위해 잔치를 열었어. 그런데 열흘째 되던 날 멧돼지를 잡으러 가자고 했더니 영웅들이 여자하고는 같이 사냥을 나갈 수 없다는 거야. 그런 성차별을 하다니, 다들 덩치만 컸지 속은 밴댕이 소갈머리라니까.

난 말도 안 된다며 목소리를 높였어. 우리 나라에서는 성차별을 하지 않는다고 강력하게 말했지. 물론 예쁜 아탈란테와 사냥을 나가고 싶은

마음이 더 크긴 했지만. 눈치챘다고? 어쨌든 왕자인 내가 그렇게 말하니 사람들도 따를 수밖에 없었어.

　사냥하던 중 몇 명은 멧돼지한테 물려 죽고, 또 몇 명은 다른 사람이 던진 창에 맞아 죽었어. 그 와중에 놀랍게도 아탈란테가 쏜 화살이 멧돼지의 등에 정확히 꽂혔어. 첫 수확이었지. 예쁘기만 한 줄 알았는데 사냥까지 잘할 줄이야! 나는 그 틈을 타서 멧돼지의 배에 칼을 박아 넣었어. 우리의 합작 공격에 멧돼지는 쿵 소리를 내며 쓰러졌지. 기분이 정말 좋았어. 제일 먼저 멧돼지를 잡은 사람에게는 상으로 그 가죽을 주기로 되어 있었어. 그래서 난 아탈란테에게 멧돼지 가죽을 상으로 내렸지. 그런데 외할아버지가 찬물을 확 끼얹는 거야.

　"여자에게는 상을 줄 수 없다! 이건 멜레아그로스 네가 가져야 한다. 네가 싫다면 내가 갖겠다!"

　외할아버지는 나의 가족인 자기가 가죽을 갖겠다며 아탈란테에게서 가죽을 빼앗았어. 어이가 없었지. 나는 외할아버지한테서 강제로 멧돼지 가죽을 되찾아 왔어. 그 과정에서 작은 시비가 벌어져 외삼촌이 내 칼에 찔려 죽었어. 흥분한 외삼촌들이 칼을 뽑아 들고 득달같이 덤벼들었어. 나도 칼을 뽑았지. 외삼촌 몇 명이 내 칼에 맞아 피를 흘리며 쓰러졌어.

　계속된 싸움에서 우리가 이겼어. 나는 칼을 높이 쳐들고 환호성을 질렀지. 그런데 갑자기 몸에서 힘이 빠져나가기 시작했어. 썰물 때 바닷물이 빠져나가듯 순식간에 말이야.

혹시……? 나는 엄마를 불렀어. 목소리가 밖으로 나오지 않아서 마음속으로 외쳤지.

'엄마, 장작을 태우지 말아요. 엄마의 형제들을 죽인 건 잘못했어요.'

나는 그 자리에 쓰러졌어. 영원히 살 수도 있었던 내가 멧돼지 가죽 때문에 죽고 말았지. 아르테미스가 우리에게 보낸 선물은 멧돼지가 아니라 가족 사이의 불화였던 거야.

나중에 하데스 앞에 가서 엄마를 만나 자초지종을 들었더니 엄마도 그땐 제정신이 아니었다고 해. 오빠와 동생이 죽었다는 소식을 듣고 홧김에 장작을 태웠다며 미안하다고…….

아탈란테

>>> **프로필**
특징 처녀 사냥꾼
출생 이아소스와 클리메네의 딸
※ 여러 가지 설이 있음
배우자 히포메네스(멜라니온)
자녀 파르테노파이오스

저런. 그런 일이 있었다니, 난 몰랐네……. 난 남자를 싫어하는데, 멜레아그로스는 그것도 모르고 나 때문에 죽고 말았군. 그런데 왜 남자를 싫어하냐고?

나는 태어나자마자 딸이라는 이유로 버림을 받았어. 곰의 젖을 먹고 자라다가 사냥꾼의 눈에 띄어 어릴 때부터 사냥을 배웠지. 그 덕분에 사냥의 여신 아르테미스와 쌍벽을 이룰 정도로 훌륭한 여자 사냥꾼이 되었어.

나는 사냥 외에 바느질, 요리, 육아 등 당시 그리스 여자들이 하던 일을 전혀 하지 않았어. 그것만 놓고 보면 아테나나 아르테미스 같은 처녀신들과 많이 닮았지. 특히 사냥의 여신 아르테미스와 비슷해.

내가 아버지를 다시 만난 건 어른이 되어서야. 아버지는 다짜고짜 결혼을 하라고 했어. 날 버릴 때는 언제고 결혼을 하라니! 나는 화가 났지만 아버지와 싸울 순 없는 노릇이잖아. 그래서 한 가지 조건을 내걸었어.

나와 경주를 해서 이기는 남자와 결혼하겠다는 거였지. 경기에서 지면 내 손에 죽는다는 무시무시한 조항도 달았어.

많은 남자들이 죽음을 무릅쓰고 경주에 참가했어. 하지만 모두 죽었어. 난 완전 무장을 하고 남자들은 벌거벗고 뛰었는데도 단 한 사람도 날 이기지 못했어. 나는 결승점에서 기다리고 있다가 헉헉거리며 뛰어오는 남자들을 가차없이 쓰러뜨렸지.

그러던 어느 날, 히포메네스라는 남자가 도전해 왔어. 그런데 이상하게 처음 볼 때부터 마음이 끌리더라고. 이런 걸 사랑이라고 하나? 그래서 난 최선을 다하지 않았어. 하지만 그 남자도 빠르지는 않더라고. 내가 막 앞지르려는 순간 남자가 주머니에서 황금으로 만든 사과 하나를 꺼내 뒤로 던졌어. 나는 사과를 주우려고 되돌아갔지.

그렇게 세 개의 사과를 줍고 나니 경주가 끝났고, 나는 처음으로 경주에서 졌어. 그런데 이상하게도 기분이 나쁘지 않았어. 우리는 결혼을 하기로 했어. 그제야 히포메네스는 아프로디테의 도움을 받았다고 털어놓았어. 어쩐지 마음이 흔들리더라니.

우리는 행복했어. 하지만 행복은 그리 오래가지 않았어. 서로에게 빠져 있느라 아프로디테에게 감사의 제물 바치는 걸 잊었던 거야. 화가 난 아프로디테는 우리를 사자로 만들어 버렸어. 으르렁(신들은 제멋대로야.)! 크르렁(사자에게는 황금 사과가 필요 없어.)!

아타마스

>>> 프로필
특징 보이오티아의 왕
출생 아이올로스와 에나레테의 아들
배우자 네펠레, 이노, 테미스토
자녀 프릭소스, 헬레 등

나는 헬렌의 후손으로 보이오티아의 왕이야. 네펠레라는 여자와 결혼해서 프릭소스라는 아들과 헬레라는 딸을 얻었지. 난 세상에 부러울 것이 없었어. 그때 이노라는 아름다운 여자가 내 앞에 나타났어. 멜레아그로스의 불행에서 교훈을 얻었어야 했는데 그러질 못했지.

나는 이노에게 빠져 네펠레와 이혼하고 이노와 결혼했어. 이노가 나쁜 여자라는 걸 진작 알아챘어야 했는데……. 이노는 동화에 나오는 계모처럼 못된 엄마였거든. 불쌍한 내 자식들!

그녀는 나 몰래 아이들을 없애려고 흉계를 꾸몄어. 먼저 여자들에게 밭에 뿌릴 보리 씨앗을 볶으라고 했어. 그리고 그것을 남자들에게 주고는 밭에 뿌리라고 했지. 볶은 보리에서 싹이 틀 리 없잖아? 평소라면 푸른 보리로 일렁거릴 밭이 황량하기 짝이 없었지.

하지만 영문을 몰랐던 나는 델포이로 사람을 보내 그 이유를 알아보라고 했어. 그런데 이놈, 아니 이노가 그 사람을 협박해서 나한테 거짓말을 하게 한 거야. 내가 들은 신탁은 이랬어.

"프릭소스와 헬레를 제물로 바치면 보리에 싹이 틀 것이다."

난 가슴이 철렁 내려앉았지. 사랑스러운 자식들을 어떻게 죽일 수 있겠어. 하지만 굶주린 백성들을 생각하면 눈에 넣어도 아프지 않을 귀한 자식들이지만 눈물을 머금고 제물로 바치는 수밖에. 나는 이노의 계략인지도 모른 채 아이들을 제물로 바치려 했어.

그런데 다행히 이 소식이 아이들의 친엄마인 네펠레의 귀에 들어갔어. 네펠레는 아이들을 헤르메스에게서 얻은 양에 태워 멀리 보냈어. 황금 털가죽으로 뒤덮인 그 양은 하늘을 날고 말도 할 줄 알았어.

나중에 들은 이야기지만, 양을 타고 가던 어린 헬레는 바다에 빠져 죽었다고 해. 후세 사람들은 그 바다를 헬레스폰토스(지금의 다르다넬스 해협), 즉 '헬레의 바다'라고 불렀지. 오, 불쌍한 헬레! 나를 용서해 다오.

반면 프릭소스는 콜키스라는 머나먼 나라에 도착했어. 그곳은 티탄이며 태양의 신인 헬리오스의 아들이 다스리는 나라였어. 프릭소스는 양을 잡아 신들에게 제물로 바치고 황금 양 가죽을 왕에게 선물했어. 왕은 프릭소스를 사위로 삼아 그 나라에 살게 했지. 황금 양 가죽은 전쟁의 신 아레스의 숲에 걸려 있는데, 잠들지 않는 용이 지킨다고 해.

나는 그 뒤로 모든 걸 잃었어. 가정을 지키는 신인 헤라는 나를 미치게 만들었어. 미치지 않고 어떻게 살겠어? 이노도 마찬가지였어. 뒤늦게 잘못을 깨닫고는 스스로 목숨을 끊었지.

그나마 작은 위안이라면 내 자식들이 황금 양을 타고 떠난 이야기가 훗날 그리스 로마 신화 최고의 모험담으로 남았다는 거야.

〉〉〉〉〉 세 번 결혼한 아타마스

아타마스는 평생 동안 세 번 결혼했다. 그의 첫 번째 아내는 네펠레로 아들 프릭소스와 딸 헬레를 두었다. 그 후 네펠레를 버리고 카드모스의 딸인 이노와 결혼해 두 아들 레아르코스와 멜리케르테스를 두었다. 그리고 훗날 보이오티아에서 추방당해 떠돌다가 한곳에 정착해 알로스라는 도시를 세우고, 힙세우스의 딸 테미스토와 결혼했다.

시시포스

>>> **프로필**
특징 코린토스의 왕
출생 아이올로스와 에나레테의 아들
배우자 메로페
자녀 글라우코스, 오르니티온 등

나는 데우칼리온의 손자, 그러니까 헬렌의 아들로 이름은 시시포스야. 프랑스의 유명한 작가 알베르 카뮈가 쓴 《시시포스의 신화》라는 책을 통해 아주 유명해졌지. 나는 우리 직계 조상인 프로메테우스와 닮은 점이 많아. 매우 영리할 뿐 아니라 신들을 두려워하지도 않거든. 난 코린토스라는 도시를 세우고 왕이 되었어.

도시에는 높은 망루가 하나 있었어. 하루는 망루에서 세상을 내려다보는데 제우스가 강의 신 아소포스의 딸을 납치해 가는 게 보이는 거야. 다른 사람이라면 제우스가 무서워 입을 다물었겠지만 울며불며 딸을 찾아다니는 아소포스가 안쓰러워 본 대로 전해 주었지. 나중에 그 때문에 아소포스가 제우스에게 대들었다가 벼락을 맞긴 했지만 말이야.

제우스는 프로메테우스와 닮은 나를 평소에도 못마땅하게 여겼어. 그래서 그 참에 나를 없애려고 나한테 저승사자를 보냈어. 하지만 호락호락 당하고만 있을 내가 아니지. 명색이 프로메테우스의 후손인데, 그쯤

은 당연히 짐작했다고.

  나는 숨어 있다가 멍청한 저승사자를 붙잡아 감옥에 처넣었어. 그 뒤 세상이 발칵 뒤집혔어. 그도 그럴 것이 죽은 사람을 저승으로 데리고 갈

저승사자가 사라져서 아무도 죽지를 않았거든.

제우스는 바짝 독이 올랐어. 그는 전쟁의 신 아레스를 보내 저승사자를 구출했어. 저승사자는 만반의 준비를 하고 다시 나를 잡으러 나타났어. 하지만 그것도 이미 예상했지. 나는 아내에게 내가 죽더라도 장례를 치르지 말고 제물도 바치지 말라고 일러두었어.

그리고 순순히 저승사자의 뒤를 따라 저승으로 갔지. 며칠 뒤 하데스가 나를 불렀어. 왜 장례를 치르지 않느냐고 묻더군. 나는 모른다고 시치미를 뗐지. 하데스는 이승으로 가서 가족에게 장례를 치르게 하라며 나를 살려 주었어.

그렇게 해서 나는 다시 살아났어. 장례를 치렀냐고? 당연히 안 치렀지! 그냥 계속 살았어. 일부러 죽을 필요는 없잖아? 나는 오래오래 살다가 늙어서 죽었이. 아주 오래오래 살았지. 신들을 괴롭히고 골탕 먹이면서 말이야. 그게 우리 집안 내력이거든.

죽어서 저승에 갔더니 신들이 도끼눈을 뜨고 벼르고 있더군. 세상에서 가장 고통스러운 벌을 주겠다며 서슬이 퍼렇더라고.

자기들끼리 쑥덕거리더니 바위를 밀어 올리는 벌을 내렸어. 바위를 언덕 위로 밀어 올리면 다시 굴러떨어지잖아. 그러면 다시 올리고, 또 굴러떨어지면 다시 올리는 거지. 그걸 끝없이 되풀이하는 거야. 프로메테우스가 당한 형벌과 비슷하지? 그는 매일매일 독수리에게 간을 쪼아 먹히는 벌을 받았잖아.

똑같은 일을 계속 되풀이하는 것만큼 고통스러운 일도 없을 거야. 찰리 채플린 주연의 〈모던 타임스〉라는 영화에도 계속해서 나사만 조이던 주인공이 나중에는 거의 미쳐 가잖아. 그것과 비슷해. 신들이 노린 게 바로 그거지. 내가 미치길 바란 거야.

하지만 난 벌이 아니라 운동이라고 생각했어. 저승에 온 지 얼마 되지도 않았는데 탄탄한 근육이 생겼다니까. 이렇게 매일매일 운동하면 근육이 빵빵해지겠지?

>>>>> **그리스 신화 최고의 피돌이?**

시시포스는 그리스 신화에서 가장 피 많은 인간으로 그려진다. 그는 도둑질의 명수로 이름난 아우톨리코스를 꼼짝 못하게 만들기도 했다. 아우톨리코스는 시시포스의 소들을 훔쳐서 시시포스가 알아보지 못하게 모양과 색깔을 바꾸어 버렸다. 하지만 시시포스는 미리 소들의 발굽에 표시를 해 놓았고 그것을 근거로 소들을 되찾았다고 한다.

벨레로폰

>>> **프로필**
특징 벨레로폰테스라고도 함
출생 글라우코스와 에우리노메의 아들
배우자 필로노에
자녀 히폴로코스, 라오다메이아 등

나는 벨레로폰이야. 내 할아버지는 너희들도 잘 아는 시시포스지. 나는 어릴 때부터 하늘을 날고 싶었어. 지금 같으면 비행기 기장이 되었겠지만 내가 살던 시대에는 비행기가 없었어. 대신 다른 것이 있었지.

바로 하늘을 나는 페가소스야. 페가소스는 메두사가 죽을 때 흘린 피에서 태어난 말이야. 앞에서 포세이돈이 자기소개를 하면서 메두사 이야기를 했는데 기억나? 보기만 해도 돌이 되는 얼굴을 가진 무시무시한 괴물 말이야. 포세이돈과 메두사는 연인이었지.

그런데 아무리 애를 써도 하늘을 날아다니는 페가소스를 잡을 수가 없었어. 그럴 때 신들의 도움이 필요하지. 똑똑한 우리 집안을 좋아하는 신은 단연 지혜의 여신 아테나야.

나는 아테나에게 페가소스를 손에 넣게 해 달라고 빌고 또 빌었어. 내 정성에 감동했는지 아테나는 황금으로 만든 재갈을 주었어. 그리고 포세이돈에게 근사한 제물을 바치면 페가소스를 얻을 수 있다고 알려 주었

지. 나는 포세이돈에게 아주 멋진 황소를 제물로 바쳤어. 제물이라기보다는 뇌물이었지.

며칠 뒤 물가에서 페가소스를 발견했어. 나는 천천히 다가가 갈기를 몇 차례 쓰다듬어 준 다음 재빨리 입에 재갈을 물렸어. 이제 페가소스는 내 거야. 나는 뛸 듯이 기뻤어. 아니 그보다 더 좋은 표현 없을까?

어쨌든 그렇다고 해서 계속 좋은 일만 있었던 건 아니야. 실수로 형제인 벨레로스를 죽이고 말았거든. 내 원래 이름은 힙노스였는데, 벨레로스를 죽인 뒤 '벨레로스를 죽인 사람'이라는 뜻의 벨레로폰으로 이름이 바뀌었지.

그리스의 옛 풍습에선 사람을 죽이면 다른 나라에 가서 죄를 용서받아야 했어. 나는 프로이토스가 다스리는 아르고스로 갔어. 프로이토스는 하늘을 날 수 있는 나를 용서해 주었지.

그런데 또 문제가 생겼어. 하늘을 날 수 있다 보니 여자들한테 인기가 많았거든. 날 좋아한 여자들 중에는 아르고스의 왕비 안테이아도 있었는데 내가 그녀를 좀 무시했어. 그랬더니 내가 자기에게 나쁜 짓을 하려 했다고 왕인 프로이토스에게 거짓을 고한 거야.

하루는 프로이토스 왕이 불러서 갔어. 그는 내게 편지를 한 장 주면서 이웃 나라의 왕에게 전해 달라고 했어. 이웃 나라의 왕은 그의 장인이었지. 하늘을 날아가면 금방 가니까 난 흔쾌히 그러겠다고 했어. 마치 우편배달부가 된 기분이었지.

그런데 프로이토스의 장인 이오바테스는 편지를 읽더니 표정이 싹 변했어. 그러더니 한숨을 쉬며 백성들을 괴롭히는 키마이라는 괴물을 물리쳐 달라고 했어. 나는 페가소스를 타고 하늘로 올라가 활을 쏘아 괴물

을 죽였지.

　난 칭찬을 들을 줄 알았어. 그런데 아니었어. 이번에는 이웃 나라를 정복해 달라는 거야. 난 그 부탁도 들어줬어. 하늘에서 공격하는 날 당해 낼 자는 아무도 없었으니까.

　의기양양하게 돌아갔더니 또 다른 일을 시켰어. 살짝 기분이 나빴지. 내가 일하러 온 것도 아닌데 말이야. 그래도 시키는 대로 했어. 그런데 세 번째 일을 마치고 돌아오니 이오바테스의 군대가 나를 공격해 왔어. 난 그들을 모두 물리치고 왕에게 가서 따졌지.

　그랬더니 내가 가지고 간 편지에, 그 편지를 가지고 온 사람을 죽이라고 적혀 있었다는 거야. 차마 자기 손으로 죽일 수는 없어서 사고로 죽으라고 힘든 일을 시켰는데 내가 죽지 않았다고 했어. 난 그렇게 하도록 부추긴 세 안테이아라는 사실도 알아냈어.

　이오바테스는 자기 딸 때문에 벌어진 일이라며 손이 발이 되도록 싹싹 빌었어. 이오바테스와 안테이아를 모두 죽일까도 생각했지만, 참기로 했어. 왕은 고맙다며 자기 딸 중 한 명인 필로노에와 혼인시켜 주었어. 그렇게 해서 난 왕의 사위가 되었지.

　누명은 벗었지만 세상 일에 흥미를 잃었어. 그때 할아버지를 비롯한 조상들이 떠올랐어. 신들이 얼마나 잘났기에 우리 조상들을 괴롭혔는지 얼굴이라도 한번 보고 싶었어.

　그래서 페가소스를 타고 하늘로 올라갈 결심을 했어. 페가소스는 커

다란 날개를 쫙 펴고 하늘 높이 올라가기 시작했어. 제우스가 벼락을 던질 것에 대비해 피하는 방법도 생각해 두었어. 제우스를 만나면 어떻게 혼내 줄지도 궁리했지.

그 순간 갑자기 페가소스가 몸을 심하게 뒤틀었어. 나는 균형을 잃고 땅으로 떨어졌어. 다리가 부러졌지. 알고 보니 제우스가 벼락이 아닌 등에라는 작은 벌레 한 마리를 보내 페가소스를 물게 했더군. 어처구니가 없었어. 등에 한 마리 때문에 내 계획이 엉망이 되다니. 너무 억울해!

〉〉〉〉〉 날개 달린 말, 페가소스

페가소스는 페르세우스 이야기에도 등장한다. 페르세우스가 메두사의 머리를 자르자 그 자리에서 페가소스가 나왔다는 것이다. 페가소스는 태어나자마자 올림포스로 올라가 제우스를 섬기며 그의 벼락을 날랐다. 페가소스는 그리스 어 '페게'에서 유래한 말로 '샘'을 뜻하며, 훗날 별자리인 페가수스자리가 되었다.

멜람푸스

>>> **프로필**
특징 예언자
출생 아미타온과 에이드메네의 아들
배우자 리시페
자녀 만티오스, 안티파테스, 아바스 등

　나는 시시포스의 형제였던 크레테우스의 손자야. 벨레로폰하고는 가까운 친척이지. 벨레로폰은 자기 분수를 몰랐어. 훌륭한 능력을 잘 활용했어야지, 쯧쯧!

　난 프로메테우스처럼 예언 능력이 있었어. 어쩌다 얻은 능력이 절대 아니야. 난 시골에서 자랐는데 집 앞에 오래된 큰 떡갈나무가 한 그루 있었거든. 그 떡갈나무에 뱀이 한 마리 살았는데 하인들이 그 뱀을 잡아서 죽였어.

　나는 그 뱀을 태워 장례를 치러 주고 새끼들을 데려와 키웠어. 새끼들은 금세 자랐어. 하루는 잠을 자고 있는데 뱀이 내 어깨 위에서 몸을 곧추세우더니 혀로 두 귀를 깨끗하게 닦아 주었어. 무척 간지러웠지.

　그런데 신기하게도 그날 이후 난 새들이 하는 말을 알아들을 수 있게 되었어. 난 제물로 바친 동물의 장기를 보고 점치는 법도 배웠어. 중국에서 거북의 등을 보고 점치는 것과 비슷한 방법이야. 그러다가 내가 결정

적으로 예언 능력을 갖게 된 건 태양의 신 아폴론을 만난 뒤부터였지.

난 예언 능력을 함부로 사용하지 않았어. 신의 영역에 도전했다가 벌받은 사람들을 많이 봤거든. 프로메테우스, 시시포스, 벨레로폰 등…….

하루는 형제인 비아스가 낙심한 표정으로 멍하니 앉아 있는 걸 봤어. 이유를 물었지. 그랬더니 페로라는 여자를 좋아하는데 그녀의 아버지가 피라코스의 암소를 가져오는 사람에게 딸을 주겠다고 했다는 거야.

아름답기로 소문난 페로는 청년들에게 인기가 아주 높았지. 그런데 아무도 피라코스의 암소를 가져오지 못했어. 왜냐하면 아주 무서운 개가 그 암소를 지키고 있었거든.

나는 비아스의 어깨를 툭 치면서 걱정하지 말라고 했어. 그리고 피라코스가 다스리는 나라로 갔지. 내가 어떻게 했게? 시장에서 도둑질을 했어. 그리고 곧바로 붙잡혀 감옥에 갇혔지. 시시하다고? 이야기를 끝까지 들어 봐.

감옥에 갇힌 지 1년쯤 됐을 무렵, 지붕에서 벌레들이 곧 대들보가 무너질 거라고 소곤대는 소리를 들었어. 나는 곧장 간수를 불러 방을 바꿔 달라고 말했지. 내가 방을 옮기자마자 내가 있던 건물이 무너졌어.

내 능력을 신통하게 여긴 피라코스가 나를 불렀어. 그러더니 자기 아들이 자식을 못 낳는 이유에 대해 물었어. 내가 뭐라고 대답했을까? 그래, 암소를 주면 알려 주겠다고 했어. 피라코스는 내 제안을 받아들였지.

나는 소고기로 늙은 독수리를 유인해 피라코스의 아들이 자식을 못 낳는 이유에 대해 들었어. 그의 아들이 어렸을 때 피라코스가 피 묻은 칼로 겁을 준 적이 있었는데, 그 충격 때문에 자식을 못 낳게 되었다고 했어.

나는 그때 사용했던 녹슨 칼을 찾아내 녹을 벗겨서 피라코스의 아들에게 먹였어. 그 일이 있은 뒤 피라코스는 할아버지가 되었지. 나는 피라코스에게서 얻은 암소를 비아스에게 주었고 그는 아름다운 여자 페로와 결혼했어.

난 이렇게 내 예언 능력을 다른 사람을 위해 썼어. 그 뒤 난 아르고스의 왕이 되었는데, 왕이 된 뒤에는 예언 능력을 쓰지 않았지. 왕은 그런 능력에 기대지 않고 사랑으로 세상을 다스려야 하니까.

아드메토스

>>> 프로필
특징 테살리아 페라이 왕국의 왕
출생 페레스와 페리클리메네의 아들
배우자 알케스티스

　나도 시시포스의 형제인 크레테우스의 손자야. 나 역시 내 친척 멜람푸스처럼 사랑이 중요하다고 생각해. 신들과 싸워 봐야 고통 받는 건 인간이니까. 싸움을 피하는 건 비겁한 게 아니야. 난 내가 비겁하다고 생각하지 않아. 싸우는 사람이 있으면 사랑하는 사람도 있어야 한다고.

　난 사람들을 사랑으로 대했고 내가 가진 것을 아낌없이 퍼 주었어. 그래서 우리 집은 늘 손님들로 가득 찼고 웃음소리가 끊이지 않았지.

　그래, 난 다툼 말고 사랑을 선택했어. 제우스가 던진 벼락에 아들 아스클레피오스가 죽자, 아폴론이 그 벼락을 만든 키클로프스를 죽였잖아. 그 때문에 아폴론은 인간의 노예가 되는 벌을 받았지. 그때 아폴론이 주인으로 섬긴 인간이 바로 나야.

　아폴론은 세상에서 가장 인품이 높고 정이 많은 사람을 고른 거지, 에헴. 내가 아폴론에게 처음 맡긴 일은 목동 일이었어. 아폴론은 모든 암소들에게 쌍둥이 새끼를 낳게 해서 내 재산을 불려 주었어. 또한 내가 청혼

을 하러 갈 때는 사자와 멧돼지가 끄는 전차를 빌려 주기도 했어. 누구나 사람을 사랑으로 대하면 이렇게 돈도 생기고 도움도 받을 수 있지.

한번은 이런 일도 있었어. 결혼식이 끝난 뒤 아르테미스에게 제물 바치는 걸 깜빡했는데 아폴론이 나서서 화난 아르테미스의 마음을 달래 주었지. 하마터면 큰일 날 뻔했어. 아르테미스가 화나면 얼마나 무서운지 알지?

하지만 뭐니 뭐니 해도 아폴론이 나에게 해 준 가장 큰일은 목숨을 구해 준 거야. 내가 젊은 나이에 병에 걸려 죽게 되었을 때 아폴론이 저승의 신 하데스와 담판을 지었어. 나 대신 죽을 사람이 있으면 나를 살려 주기로 했지. 아폴론이 사람이었다면 아마 그때 나 대신 죽었을 거야. 그만큼 날 사랑했지.

그런데 날 위해 죽겠다는 사람은 아무도 없었어. 하지만 난 사람들을 원망하지 않았어. 뭔가 얻으려고 사랑을 베푼 건 아니니까. 결국 내 아내가 나섰어. 나 대신 죽겠다고 말이야. 난 아내를 말렸어. 그러면 안 된다고 소리쳤지.

그러나 아폴론은 내 병을 아내에게 옮겼어. 난 건강해졌고 아내는 죽음을 앞둔 사람이 되었어. 가슴이 찢어지게 아팠어. 나의 조상 프로메테우스도 독수리에게 간을 쪼일 때 이런 고통을 겪었을 거야.

저승사자가 온 날, 뜻밖의 손님이 찾아왔어. 헤라클레스였지. 내 명성을 듣고 찾아온 거야. 그는 내 이야기를 듣더니 역시나 내가 퍼뜨린 사랑에 취해 나를 도와주겠다고 나섰어.

저승사자는 예전에 시시포스에게 당한 적이 있어서 우리 집안에 올 때마다 잔뜩 긴장했어. 그런데 아니나 다를까 집에 들어서자마자 누군가 무지막지한 힘으로 그의 팔목을 잡은 거야. 헤라클레스였지. 저승사자는 마치 귀신을 본 것처럼 소스라치게 놀랐어.

그때 아폴론이 나타나 헤라클레스에게 걸리면 뼈도 못 추린다며 으름장을 놓았어. 저승사자는 공포에 질려 저승으로 내뺐지.

아내의 병은 깨끗이 나았어. 그 뒤로 저승사자는 우리 집 근처에 얼씬도 하지 않았지. 우리는 시시포스처럼 아주 오래오래 살았어. 알콩달콩 사랑을 나누면서 말이야.

>>>>> **남편 대신 죽은 알케스티스**

헤라클레스가 알케스티스를 구해 준 이야기는 그리스의 극작가 에우리피데스가 쓴 《알케스티스》에 실려 있다. 한편 또 다른 이야기에 따르면 저승의 여신 페르세포네가 알케스티스의 희생정신에 감동하여 그녀를 다시 이승으로 보내 주었다고 한다. 알케스티스는 이올코스의 왕 펠리아스와 아낙시비아의 딸이다.

이아손

>>> **프로필**
특징 아르고 원정대의 일원
출생 아이손과 알키메데의 아들
배우자 메데이아, 글라우케
자녀 테살로스 등

난 이아손이야. 아버지의 이름은 아이손이고. 나도 멜람푸스나 아드메토스처럼 크레테우스의 손자야.

그런데 난 그들처럼 평화롭게 살지는 못했어. 삼촌 때문에 어릴 때부터 숨어 살아야 했거든. 그 까닭은 이래.

내 아버지 아이손은 건강이 나빠서 왕위를 동생인 펠레우스에게 물려주었어. 내가 크면 나에게 다시 물려준다는 조건으로 말이야. 그런데 펠레우스 삼촌은 처음부터 나에게 물려줄 생각이 없었어. 그뿐 아니라 후환(어떤 일로 말미암아 뒷날 생기는 걱정이나 근심)을 없애기 위해 나를 죽이려고까지 했지.

아버지는 펠레우스 삼촌의 속셈을 알아채고는 부랴부랴 내가 죽었다는 소문을 냈어. 그리고 의술의 신 아스클레피오스와 헤라클레스 등을 가르친 켄타우로스 케이온에게 나를 맡겨 교육시켰지.

세월이 흘러 난 멋진 청년이 되었어. 그리고 빼앗긴 왕위를 되찾기 위해 삼촌을 찾아갔지. 물살이 센 강을 건너가려는데 어디선가 노파 하나가 나타나 업어달라고 했어. 난 착한 사람이라서 노파를 업고 강을 건넜어. 그런데 도중에 샌들 한 짝이 벗겨지고 말았어. 착한 일을 하면 복을 받는다고 배웠는데, 케이온 선생님이 틀렸나?

아무튼 샌들을 한 짝만 신고 삼촌한테 갔어. 삼촌은 나를 보고 화들짝 놀라더군. 나중에 안 사실이지만, 내가 샌들을 한 짝만 신고 있어서 그렇게 놀랐다는 거야. 예전에 삼촌이 신탁을 했는데 샌들 한 짝만 신은 사람을 조심하라고 했다더군. 내 샌들이 벗겨지게 만든 그 노파는 바로 헤라였어. 나를 시험했던 거지.

삼촌은 당장이라도 나를 죽일 듯이 노려보았어. 내가 이아손인 것을 알고 죽이려고 했지만 신들에게 제사 지내는 신성한 기간이어서 참았지. 대신 나를 죽음의 모험으로 몰아넣었어.

프릭소스가 타고 간 황금 양의 가죽을 찾아오는 것이었지. 계모의 살해 위협에 양을 타고 도망친 프릭소스 기억나지? 프릭소스가 간 곳은 온갖 위험이 도사리는 머나먼 콜키스였어. 그러니 내가 황금 양 가죽을 가지고 무사히 돌아올 가능성은 거의 없었지. 서양에서는 지금도 '황금 양 가죽'이라는 말을 낭만과 위험이 가득한 모험의 의미로 쓰고 있어.

하지만 나는 난생처음 만난 삼촌의 말을 듣기로 했어. 죽기 아니면 까무러치기지 뭐. 나는 그리스 곳곳에서 나와 함께 모험할 친구들을 모았어. 그 유명한 아르고 원정대지. 원정대 대원들을 소개할게.

그리스 최고의 영웅 헤라클레스, 황소 머리 미노타우로스를 처치한 테세우스, 음악의 대가 오르페우스, 헬레네의 쌍둥이 형제 카스토르와 폴리데우케스, 그들의 사촌이면서 먼 곳을 보는 능력을 지닌 린케우스와 이다스 등이야.

아르고라는 이름은 아르고 원정대가 탈 배를 만든 아르고스의 이름에서 딴 거야. 이제부터 원정대를 따라오도록 해. 배가 심하게 흔들릴 테니 꽉 잡아!

우리가 처음 도착한 곳은 그리스에서 소아시아로 가는 길목에 자리한 렘노스라는 섬이었어. 렘노스는 앞에서 본 것처럼 헤파이스토스가 하늘에서 떨어진 섬이야. 원정대가 도착하기 전에 그곳은 거의 지옥에 가까웠어. 여자들이 아프로디테의 노여움을 사 아프로디테가 여자들의 몸에서 악취가 나게 만들었거든. 자연히 남자들은 여자들에게 불평을 했지. 화가 난 여자들은 엉뚱하게도 남자들을 모두 죽여 버렸어.

헤라 여신의 도움을 받고 있던 우리가 도착하자 아프로디테는 여자들의 몸에서 더 이상 악취가 나지 않게 해 주었어. 우리는 렘노스의 여자들에게서 엄청난 환영을 받았어. 남자라고는 우리밖에 없었으니까. 우리는 렘노스에서 1년이나 머물렀지.

다음으로 간 곳은 알크폰네소스였어. 그곳에서 우린 왕의 환대를 받았지. 그런데 우리가 모두 섬에 상륙하고 헤라클레스만 혼자 남아 배를 지키고 있을 때 팔이 여섯 개인 거인들이 습격해 왔어. 다음 날 우리가 배로 돌아왔을 땐 바닷가에 거인들의 시체가 즐비했지. 헤라클레스 혼자 다 죽인 거야. 엄청난 괴력이지.

하지만 그 다음에 도착한 비티니아 해안에서 헤라클레스는 원정대에서 빠지고 말았어. 실종된 하인을 찾으러 배에서 내렸는데 우리가 그걸 깜빡하고 그냥 출발한 거지. 헤라클레스를 두고 왔다는 걸 알았을 땐 이미 육지에서 멀어진 뒤였어. 물론 되돌아갈 수도 있었지만 때마침 나타난 바다의 신이 헤라클레스는 열두 가지 과업을 달성해야 한다고 했어. 그래서 항해를 계속했지.

다음에 들른 곳은 아미코스라는 무서운 왕이 다스리는 나라였어. 지나가는 나그네에게 권투 시합을 강요해 사람을 죽였지. 우린 그 이야기를 듣고 크게 분노했어. 그래서 권투를 아주 잘하는 제우스의 아들 폴리데우케스를 내세워 아미코스의 머리를 두부처럼 으깨어 놓았지.

그 다음엔 트라키아의 살미데소스에 도착했어. 그곳의 왕은 피네우스로 맹인이며 예언자였는데, 예전에 인간에게 미래의 일을 알려 주었다가 제우스한테서 벌을 받아. 프로메테우스와 비슷한 일을 당했지.

피네우스가 받은 벌은 음식을 먹지 못 하는 것이었어. 음식을 먹으려고 하면 하르피아라는 괴물 새가 나타나 모조리 먹어 치웠지. 하르피아는 늘 굶주림에 시달리는 괴물이었어. 피네우스는 하르피아가 먹다 흘린 것을 주워 먹으며 겨우 목숨만 부지했지.

우리는 딱한 피네우스를 위해 하르피아를 쫓아 주었어. 피네우스는

그 답례로 원정대에게 닥칠 일과 해결 방법을 알려 주었어. 그는 오랜만에 훼방꾼 없는 풍성한 식사를 즐겼지.

에욱세이노스 해의 입구는 두 개의 큰 바위로 이루어져 있었어. 그 폭은 배 한 척이 겨우 지나갈 정도로 좁았는데 그보다 더 큰 문제는 두 개의 바위가 움직인다는 거였어. 배가 바위 사이로 지나가면 마치 기다렸다는 듯이 바위들이 맞부딪쳤어. 그러니 그 사이를 그냥 지나가면 배가 산산조각 날 게 뻔했지.

바위 앞에 다다랐을 때 우리는 피네우스의 조언에 따라 우선 배를 멈춰 세웠어. 그리고는 대원들 중 물 위를 걷는 능력을 지닌 에우페로스가 바위 앞으로 걸어가 두 바위 사이로 비둘기 한 마리를 날려 보냈어. 그 순간 두 개의 바위가 비둘기를 추격하며 맞부딪쳤고, 비둘기는 아슬아슬하게 그 사이를 빠져나갔어.

배에 탄 사람들도 젖 먹던 힘까지 다해 노를 저어 비둘기 뒤를 따랐어. 두 개의 바위는 계속해서 우레와 같은 소리를 내며 아르고 호를 위협했어. 그러나 아르고 호 역시 비둘기처럼 가까스로 충돌을 피하며 그곳을 빠져나왔지. 무척 위험한 순간이었어.

메데이아

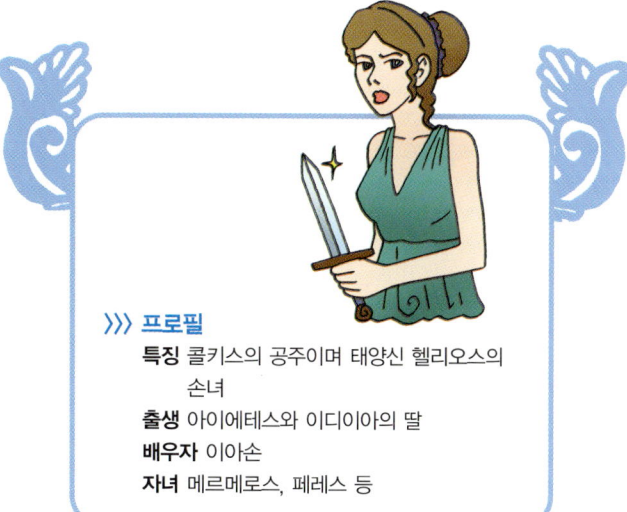

》》》프로필
특징 콜키스의 공주이며 태양신 헬리오스의 손녀
출생 아이에테스와 이디이아의 딸
배우자 이아손
자녀 메르메로스, 페레스 등

　내 소개를 하면 난 콜키스의 공주 메데이아야. 어떤 사람은 내가 저승의 여신 헤카테를 숭배하고 마법을 쓸 줄 안다는 이유로 나를 마녀로 보기도 해. 또 어떤 이는 나를 잔혹하고 포악한 여자라고 말하기도 하지. 하지만 그건 다 오해야. 난 단지 그를 너무 사랑했을 뿐이라고……. 내 억울한 사연 한번 들어 볼래?

　그날 먼 그리스에서 사람들이 찾아왔어. 아레스(전쟁의 신)의 숲에 있는 황금 양 가죽을 가지러 왔다더군. 제정신이 아닌 게 분명해. 그까짓 양 가죽 하나 찾겠다고 그 먼 데서 여기까지 오다니 말이야. 그런다고 한 나라의 보물을 누가 넙죽 내주겠어?

　멍청이들! 그런데 그 멍청이들 가운데 내 마음을 사로잡은 남자가 하나 있었어. 바로 이아손이야. 꿈꾸는 듯 몽롱한 표정에 잘생긴 얼굴! 내가 늘 꿈에 그리던 남자였지.

　그런데 아버지가 그 사람을 죽이려고 했어. 아버지는 청동 발에, 입에

선 불을 내뿜는 사나운 황소 두 마리에게 쟁기를 걸고, 카드모스 왕이 퇴치한 용의 이빨을 밭에 뿌리면 황금 양 가죽을 주겠다고 했지. 그건 죽으라는 말과 다름없어.

입에서 불을 뿜는 황소는 헤파이스토스가 선물한 건데, 매우 난폭할 뿐 아니라 뜨거운 열기 때문에 보통 사람은 가까이 갈 수도 없어. 그뿐인가. 용의 이빨을 밭에 뿌리는 건 자살 행위나 다름없지. 용의 이빨을 뿌리면 그곳에서 무사들이 튀어나와 이빨을 뿌린 사람에게 덤벼들거든.

그런데도 이아손은 아버지의 말을 듣고 멍한 표정을 지었어. 용의 이빨을 뿌리기도 전에 황소가 내뿜는 불에 타 통구이가 될 게 뻔한데도 말이야.

그날 밤 난 이아손을 찾아갔어. 나와 결혼해 주면 황금 양 가죽을 주겠다고 제안했지. 내 미모에 반해서 그랬는지, 아니면 살기 위해서 그랬는지는 모르겠지만 이아손은 선뜻 승낙했어. 그래서 우리는 헤카테 여신의 신전에 가서 결혼을 약속했지.

다음 날 나는 불을 견디게 하는 약을 이아손의 몸에 발라 주었어. 무사들을 물리칠 방법도 알려 주었지.

많은 사람들이 지켜보는 가운데 불을 뿜는 황소 두 마리가 끌려 나왔어. 뜨거운 열기 때문에 주위의 풀이 죄다 말라 버렸지. 사람들은 불쌍한 젊은이가 죽게 됐다며 안타까워했어. 그런데 이아손은 천천히 다가가 황소의 등을 쓸어 주며 진정시켰어. 그러더니 쟁기를 걸었어. 숨죽이며 지켜보던 사람들이 탄성을 질렀어.

이아손은 태연한 얼굴로 밭에 용의 이빨을 뿌리고는 흙을 덮었어. 여기저기서 침 삼키는 소리가 들려왔지만 그는 아랑곳하지 않고 뒤로 물러나 무사들이 나타나기를 기다렸어.

잠시 뒤 이빨을 뿌린 곳에서 완전 무장을 한 무사들이 튀어나와 이아손에게 달려들었어. 이아손은 한동안 그들과 싸우더니 내가 일러 준 대로 그들에게 돌을 하나 던졌어. 그러자 이아손에게 달려들던 무사들이 등을 돌려 자기들끼리 싸우기 시작했어. 한참을 싸우던 그들은 해가 질 무렵 모두 죽고 말았지.

불안한 표정으로 이아손을 지켜보던 아르고 원정대 대원들은 환호성을 질렀어. 아버지의 입에선 분노의 한숨이 새어 나왔어.

이아손은 왕에게 가서 황금 양 가죽을 달라고 요구했어. 아버지는 나를 바라보았고 난 알 듯 모를 듯한 미소를 지었어. 아버지는 다음 날 주겠다고 대답했어. 난 아버지가 한밤중에 아르고 원정대를 모두 죽이려 한다는 걸 알아차렸어. 그래서 곧바로 이아손을 데리고 황금 양 가죽이 있는 아레스의 숲으로 갔지.

나는 잠들지 않는 용에게 마법을 걸었어. 용은 그동안 못 잔 잠을 한 번에 다 보충하려는 듯 깊은 잠에 빠져들었어. 우리는 무사히 황금 양 가죽을 가지고 배로 돌아왔고, 그 길로 곧장 바다로 도망쳤지. 이 소식을 전해 들은 아버지는 군대를 보내 우리를 뒤쫓았어.

뒤쫓아 온 사람 중에 내 동생 압시르토스가 있었어. 나는 동생을 사로잡아 죽인 뒤 몸을 여러 토막으로 나눠 바다에 버렸어. 그러고는 병사들이 시신을 수습하는 동안 멀리 도망쳤지.

동생을 죽인 나쁜 여자라고? 난 우리의 사랑을 방해한 사람을 없앴을 뿐이야. 너희가 사랑을 알아? 그런데 그 뒤로 아르고 원정대 대원들이 나를 슬슬 피했어. 난 사랑한 죄밖에 없는데……. 아무도 내게 사랑하는 법을 알려 주지 않았잖아!

〉〉〉〉〉 마녀의 피가 흐르는 메데이아

메데이아는 마녀 키르케의 조카딸이며, 그녀 역시 마법을 쓸 줄 알아서 마녀로 통한다. 메데이아를 마법과 마술을 관장하는 여신 헤카테의 딸로 보기도 하는데, 그에 따르면 헤카테가 콜키스 왕 아이에테스의 아내이고, 메데이아는 키르케와 자매이다.

이아손과 메데이아

 아르고 원정대의 귀환도 쉽지 않았어. 떠날 때만큼이나 위험천만했지. 가장 큰 위기는 세이렌을 만난 거였어. 세이렌은 아주 무서운 괴물이야. 일단 그들의 노랫소리를 들으면 모든 것을 잊고 바다에 뛰어들게 되고, 죽을 때까지 그 노랫소리만 들어야 하지. 세이렌 주위에는 해골이 잔뜩 쌓여 있어. 해골이 되어서도 세이렌의 노래에서 벗어날 수 없지.

 아르고 원정대가 세이렌과 맞닥뜨렸을 때 그리스 최고의 음악가인 오르페우스는 세이렌의 노래가 들리지 않게 큰 소리로 노래를 불렀어. 그러나 안타깝게도 대원 몇몇은 바닷속으로 뛰어들고 말았지.

 원정대가 크레타에 이르렀을 때에는 크레타를 지키는 청동 거인 탈로스가 공격해 왔어. 탈로스는 낯선 사람이 다가오면 큰 바위를 던지거나 스스로 몸을 뜨겁게 달구어 상대를 껴안았어. 그는 세상에 남은 최후의 청동 거인이었지.

 메데이아는 주문을 외어 청동 거인의 발바닥에 박힌 못을 빼냈어. 탈

로스는 머리끝에서 발끝까지 하나의 정맥으로 연결되어 있어서 못을 빼자 피를 쏟으며 그 자리에서 죽고 말았지.

한편 아르고 원정대의 귀환 소식을 들은 펠레우스는 만약을 위해 이아손의 부모를 죽였어. 그리고 황금 양 가죽을 넘겨받은 뒤에도 왕위를 넘겨주지 않았어. 메데이아는 이아손을 위해 마법을 써서 펠레우스를 죽였지.

그러나 살인을 한 사람은 추방된다는 법이 있어서 이아손과 메데이아는 왕이 되기는커녕 코린토스로 추방되었어. 여기서 심각한 문제가 발생했어. 코린토스의 공주 크레우사가 이아손과 결혼하고 싶어 했거든.

이아손은 출세를 위해 메데이아와 헤어지려고 했어. 그를 사랑해서 그랬겠지만 너무나 많은 피를 손에 묻힌 그녀가 사실 두려웠던 거지.

메데이아가 가만있을 리 없지. 그녀는 결혼 선물이라며 크레우사에게 아름다운 옷을 한 벌 선물했어. 크레우사가 옷을 입자 갑자기 옷에 불이 붙었고 딸을 구하려던 아버지까지 불에 타 죽고 말았어. 메데이아가 그 옷에 체온이 느껴지면 불이 붙는 독을 발라 놓았기 때문이지.

메데이아는 이아손에게 실망하고 아테네로 가서 아이게우스 왕과 결혼했어. 이아손은 하릴없이 세상을 떠돌아다녔지. 그러던 어느 날, 이아손은 해변에서 부서진 아르고 호를 발견했어. 그가 배에 올라 과거를 회상하고 있을 때 어디선가 대들보가 떨어져 이아손을 덮쳤어. 대장정을 성공으로 이끈 영웅은 그렇게 쓸쓸히 죽음을 맞았지.

한편 메데이아는 아이게우스 왕의 아들 테세우스를 죽이고 자기 아들을 왕위에 올리려 했어. 하지만 실패하고는 고향인 콜키스로 돌아갔어. 그녀의 아버지 아이에테스는 아들에게 왕위를 빼앗긴 상태였어. 메데이아는 동생을 죽이고 아버지에게 왕위를 찾아 주었지.

메데이아는 사랑 때문에 너무 많은 사람들을 죽였어. 사랑은 아드메토스처럼 함께 나눌수록 커지는 건데 그녀는 그걸 몰랐던 거지.

아르고 원정대의 파란만장한 모험은 이렇게 끝이 났어. 이아손은 왕이 되지 못했고 메데이아 역시 꿈을 이루지 못한 채 쓸쓸하게 고향으로 돌아가야 했어. 하지만 그들이 이루어 낸 모험담은 황금빛 찬란한 별이 되어 그리스 로마 신화에 남아 있단다.

> 넓고 깊게 신화 읽기

문화의 만남, 헬레니즘

알렉산드로스 두상

그리스에서 전쟁이 일어나 서로 다투고 있을 때 그리스 북쪽에 있는 마케도니아의 힘은 점점 강해졌습니다. 마케도니아는 군대를 이끌고 남쪽으로 내려와 헬라스 동맹(마케도니아의 필리포스 2세가 그리스의 여러 도시들을 모아 맺은 동맹)을 깨뜨리고 그리스를 점령했지요.

그런데 마케도니아의 필리포스 2세가 갑자기 세상을 떠나면서 아들인 알렉산드로스가 젊은 나이에 왕위에 올랐습니다. 알렉산드로스는 그리스의 오랜 적이었던 페르시아와 싸우기 위해 군대를 이끌고 동쪽으로 나아갔습니다. '동방 원정'이라고 부르는 사건이지요. 알렉산드로스는 이집트를 정복하고 기원전 331년에 페르시아와의 전투에서 승리했습니다. 그 뒤 알렉산드로스가 이끄는 군대는 그가 세상을 떠나기 전까지 많은 곳에서 전투를 벌였지요.

전쟁은 사람들이 싸움을 벌이는 일이지만 그 사이에 다양한 교류가 이루어집니다. 세계 3대 발명품 중 하나인 종이가 탈레스 전투를 통해 중국에서 서쪽으로 전해진 일은 유명합니다. 알렉산드로스의 동방 원정을 통해서도 그리스의 문화가 페르시아, 인도, 중국의 문화와 만나 화려한 문화를 꽃피웠지요. 그것을 '헬레니즘'이라고 합니다.

헬레니즘이라는 말은 독일의 학자 드로이젠이 붙인 것입니다. 헬레니즘을 그리스의 문화로 보는 견해도 있지만 사실 그리스 문화로만 볼 수는 없습니다. 동서양의 문화가 만나 이룬 새로운 문화로 봐야 하지요. 예를 들어, 인도에서 시작된 불교에서는 불상을 만들지 않았지만 그리스에는 신의 모습을 조각한 신상을 만드는 전통이 있었고 두 문화가 만나 불상이 생겨난 것입니다.

헬레니즘에서 또 하나 눈여겨보아야 할 것은 실크로드(비단길)의 범위를 크게 넓힌 것입니다. 동양과 서양이 교역하던 길인 실크로드는 과거에도 있었지만 알렉산드로스의 동방 원정을 통해 그 범위가 크게 넓어졌습니다. 그로써 두 문화도 더욱 활발하게 통할 수 있었지요.

알렉산드로스의 동방 원정
그리스로 대표되는 서양과 페르시아로 대표되는 동양의 문화가 만나 헬레니즘이라는 새로운 문화를 이루었다.

비극의 역사!
아르고스의 후손들

어느 집안이든 특징이 있는데 아르고스 집안을 한마디로 표현하면 다툼이야.
서로 끊임없이 싸웠거든. 그렇지만 불행이 늘 행복과 함께 다니는 것처럼
다툼도 화해와 함께 다녀. 아르고스 집안이 어떻게 싸우고 어떻게 화해했는지
지금부터 살펴볼 거야.

>>> 계보에서 찾아보는 등장인물

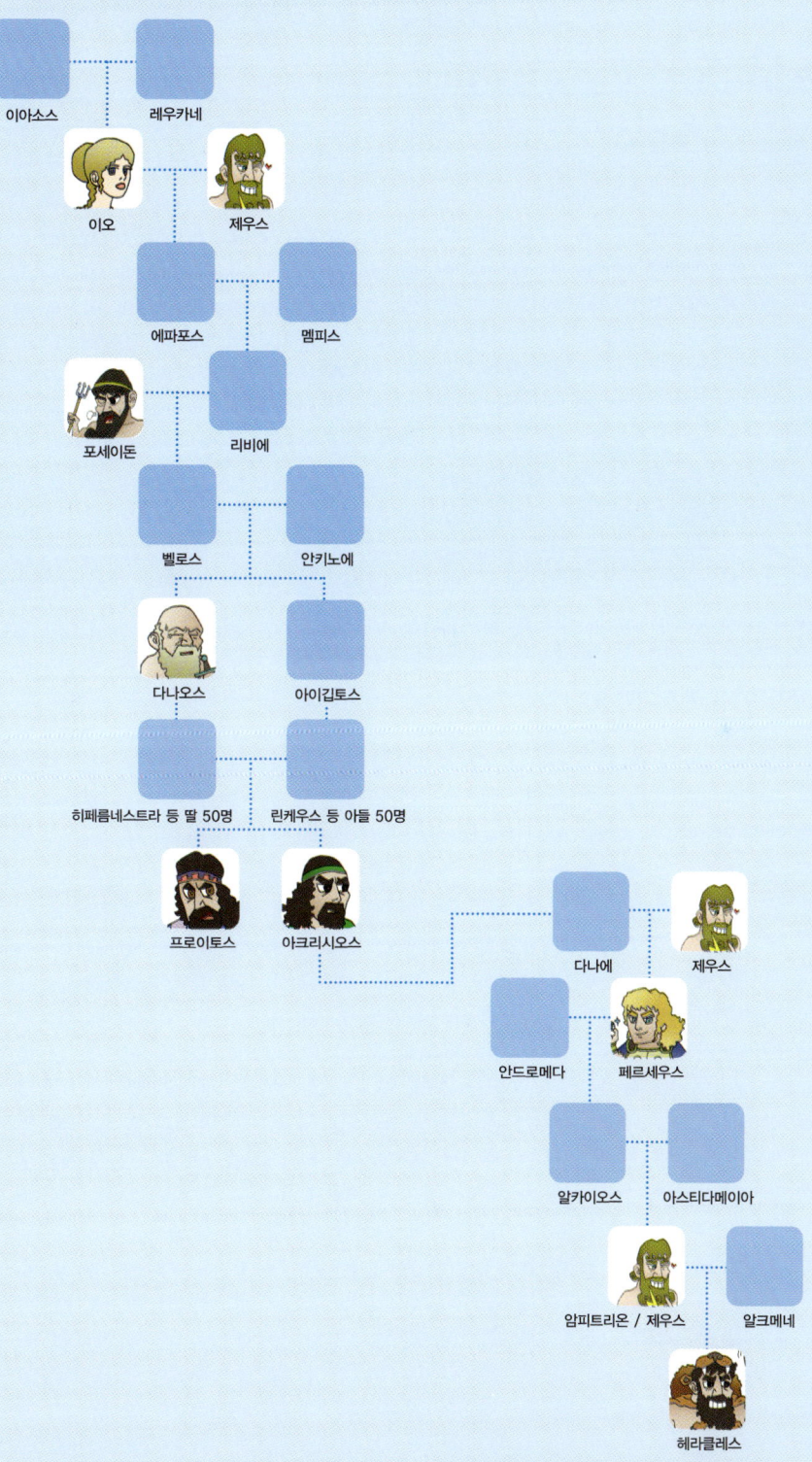

이오

》》 프로필
특징 헤라 신전의 여사제
출생 이아소스와 레우카네의 딸
　　*이나코스와 멜리아의 딸로 보기도 함
배우자 제우스
자녀 에파포스

　우리 족보 이야기를 잠깐 할게. 아르고스의 첫 번째 왕은 이나코스야. 그는 티탄으로, 바다의 신인 오케아노스와 테티스 사이에서 태어났지. 이나코스의 손자로 세 번째 왕이 된 사람이 아르고스였고 나라 이름도 그의 이름에서 따왔어.

　아르고스의 손자 중에는 그와 이름이 같은 사람이 있어. 그 아르고스는 온몸에 눈이 달려 있고(무려 100개) 힘센 괴물처럼 생겼지. 그 괴물 아르고스의 아들 가운데 이아소스가 조상의 뒤를 이어 아르고스의 왕이 되었어. 이아소스에게는 매우 아름다운 딸이 있었는데, 그게 바로 나란다. 내 이름은 이오, 헤라 신전에서 일하는 사제야.

　그런데 헤라의 남편인 제우스가 헤라 신전에 드나들다가 한눈에 반했다며 내게 고백을 했어. 이를 어쩌지? 헤라가 알면 길길이 날뛸 텐데. 하지만 제우스는 거부할 수 없는 최고의 신인걸.

　어느 날 나와 제우스가 다정하게 이야기를 하고 있는데, 어디선가 헤

라가 나타났어. 제우스는 나를 얼른 하얀 암소로 변신시켰지. 이미 모든 것을 알고 있던 헤라는 시치미를 뚝 떼고 암소를 자기한테 선물해 달라며 졸랐어.

제우스는 암소로 변한 나를 헤라에게 줄 수밖에 없었지. 헤라는 눈이 100개 달린 아르고스에게 나를 지키라고 명령했어. 그래. 우리 할아버지 말이야. 아르고스는 눈을 한 번에 한 개 이상은 감지 않았어. 나는 제우스가 나를 구해 주길 기다리며 눈물로 며칠 밤을 지새웠어. 제우스는 나를 구하기 위해 아끼는 아들이자 전령의 신인 헤르메스를 파견했어. 헤르메스는 달콤한 음악과 흥미로운 이야기로 100개에 이르는 아르고스의 눈을 감겼어. 그러고는 잠든 아르고스를 죽이고 나를 구해 냈지. 야호!

헤라는 아르고스의 죽음을 슬퍼하며 공작의 몸에 그의 눈을 남겨 그를 기렸어. 공작이 날개를 펼치면 100개의 눈이 동그랗게 눈을 뜨는 게 그 때문이야.

풀려나기는 했지만 헤라는 나를 쉽게 포기하지 않았어. 한번은 나에게 등에를 보냈어. 나는 등에한테 시달리며 유럽과 아시아를 도망 다녀야 했지. 제우스는 헤라가 무서워서인지 나를 도와주지 못하더군.

난 이집트에 도착해서야 비로소 정상적인 생활을 할 수 있었어. 거기서 제우스의 아들이기도 한 에파포스를 낳았지. 예쁘다는 이유만으로 세상을 떠돌고 홀로 객지 생활까지 해야 하다니……, 불쌍한 내 신세! 하지만 덕분에 내 이름이 그리스 로마 신화에 남았잖아. 그걸로 위안을 삼아야지, 뭐.

내 아들 에파포스는 이집트 여자 멤피스와 결혼해서 멤피스라는 도시를 세웠고 리비에라는 딸을 낳았어. 나의 손녀이지. 리비에는 바다의 신 포세이돈과 결혼해서 벨로스와 아게노르를 낳았고 벨로스는 쌍둥이 형제인 아이깁토스와 다나오스를 낳았어. 그리고 아이깁토스는 아들을 50명, 다나오스는 딸을 50명 낳았지.

이게 이집트로 건너온 아르고스 집안의 미니 족보야. 다음은 아르고스로 다시 돌아가는 이야기야.

다나오스

>>> **프로필**
특징 아이깁토스의 쌍둥이 동생
출생 벨로스와 안키노에의 아들
자녀 히페름네스트라 등 50명의 딸

난 다나오스야. 나의 아버지 벨로스는 아이깁토스와 나에게 각각 아라비아와 리비아를 주고 다스리게 했어. 그런데 아이깁토스는 이집트를 정복한 다음 리비아를 넘보기 시작했지. 그는 먼저 그의 아들 50명과 나의 딸 50명을 결혼시키자고 제안했어. 리비아를 꿀꺽 삼킬 속셈이었던 거지.

일단 거절은 했지만 아이깁토스가 무서웠어. 그래서 딸들을 데리고 조상들이 살던 아르고스로 줄행랑쳤지. 때마침 아르고스는 왕의 자리가 비어 있었고 이방인이 왕이 될 거라는 신탁이 있어서 난 졸지에 아르고스의 왕이 되었어. 물론 이오의 후손이었기 때문에 족보를 따져도 왕이 될 자격은 충분했지.

그런데 얼마 뒤 우려하던 일이 터지고 말았어. 아이깁토스의 아들 50명이 결혼을 하겠다며 배를 타고 나타난 거야. 나와 딸들은 죽기보다 싫었지만 힘이 너무 약했어. 그렇게 시간이 흘러 결혼식 날이 되었어.

　나는 딸들을 한자리에 불러 모았어. 그리고 아무 말 없이 칼을 한 자루씩 나눠 주었어. 딸들은 비장한 눈빛을 주고받았어.

　그날 밤 엄청난 사건이 발생했어. 아이깁토스의 아들 50명 중 단 한 명을 제외한 49명이 모두 내 딸들의 손에 살해된 거야. 결혼식 날이 곧 제삿날이 된 거지.

　정말 끔찍한 날이었어. 49구의 시체를 한곳에 모았고 난 그 시체의 머리를 모조리 잘랐어. 그리고 자른 머리는 레르네 습지에, 몸통은 성 안에 묻었지. 성 안에 시체 썩는 냄새가 진동을 했어. 지금도 그날을 떠올리면 몸서리가 나.

장례가 끝나자 제우스가 우리 죄를 용서해 주려고 아테나와 헤르메스를 보냈어. 어쨌든 제우스에게도 책임이 있으니까.

그런데 왜 죽은 사람이 50명이 아니고 49명이냐고? 나의 큰딸인 히페름네스트라가 내 말을 어기고 아이깁토스의 장남인 린케우스를 죽이지 않았거든. 두 사람은 내 눈을 피해 어디론가 도망쳤어. 괘씸한 녀석들. 그래, 잘 살아라! 한 명이라도 살아남아야 이야기를 계속 이어 나갈 테니까.

뒤에서 보겠지만 49개의 머리를 묻은 레르네 습지에서 머리가 9개 달린 괴물이 태어나는데 그 괴물을 물리치는 인간이 바로 린케우스의 후손 헤라클레스야. 인간의 운명과 이야기가 어떻게 흘러가고 이어지는지 좀 알겠지?

그런데 제우스에게 또 당했어. 죄를 용서해 준다고 해서 안심했더니 내 죄만 용서해 주고 딸들의 죄는 용서해 주지 않은 거야.

불쌍한 내 딸들은 밑 빠진 독에 물을 채우는 벌을 받았어. 밑이 빠졌으니 아무리 부어도 물이 찰 까닭이 없지. 끊임없이 같은 일을 반복해야 한다는 점에서 시시포스가 받은 벌과 비슷해.

누군가는 아르고스가 워낙 건조한 지역이라서 후손들을 위해 내 딸들

이 계속 물을 부은 거라고 풀이하더군. 그것도 틀린 이야기는 아니야.

아무튼 49개의 머리는 우리 집안에 갈등과 다툼을 불러왔어. 헤라클레스가 태어날 때까지 그 갈등과 다툼은 계속되지.

〉〉〉〉〉 다나오스가 아르고스의 왕이 된 또 다른 사연

다나오스가 아르고스의 왕이 된 데에는 또 다른 이야기가 전해 온다. 당시 아르고스 왕인 겔라노르와 다나오스가 긴 논쟁을 벌이고 있었는데, 별안간 숲에서 늑대 한 마리가 뛰쳐나와 지나가던 소 떼를 습격했다. 아르고스 인들은 외진 숲에서 온 늑대와 멀리서 온 다나오스를 동일시하며 그것을 신의 계시로 여기고 그를 왕으로 받들었다.

프로이토스

>>> 프로필
특징 티린스(아르고스 북부 지역)의 왕,
　　　아크리시오스와 쌍둥이 형제
출생 아바스와 아글라이아의 아들
배우자 스테네보이아
자녀 리시페, 메가펜테스 등

　나는 다나오스의 손자 프로이토스야. 다나오스가 죽은 뒤 멀리 달아났던 린케우스와 히페름네스트라가 돌아와 아르고스의 왕이 되었고 쌍둥이 형제를 낳았어. 그 쌍둥이 중 한 명이 나이고, 다른 한 명은 아크리시오스야.

　앞에서 벨레로폰을 죽이라는 편지를 쓴 사람이 바로 나야. 그때는 아내에게 속아서 나도 벨레로폰이 나쁜 사람인 줄 알았어.

　나도 우리 쌍둥이 할아버지들처럼 아크리시오스와 사이가 좋지 않았어. 기억나지는 않지만 엄마 배 속에 있을 때부터 싸웠다고 해. 어릴 때에도 계속 싸웠고 어른이 되어서는 아르고스의 왕위를 차지하기 위해 싸웠어. 너희들, 방패 알지? 상대의 칼이나 창을 막는 데 쓰는 도구 말이야. 서양에서 방패를 처음 발명한 게 바로 우리란다. 그만큼 지독하게 싸웠다는 뜻이지.

　누가 이겼냐고? 오늘은 이기고 내일은 지고, 그렇게 계속 엎치락뒤치

락했어. 우리는 승부를 가리지 못했고 결국 아르고스 왕국을 둘로 나눠 한 곳씩 다스리기로 결정했지.

조상들끼리 집안 싸움을 벌여 49명이 죽는 엄청난 비극을 겪었는데도 우린 반성하지 않고 계속 싸웠어. 큰 벌을 받을지도 모른다고 생각했어. 하지만 그렇다고 해도 아크리시오스에게 질 수는 없지.

결국 벌을 받았어. 그런데 내가 아니라 내 딸들이 받았지. 딸들이 미쳐 날뛰기 시작한 거야. 그들은 부끄러움도 모른 채 알몸으로 산과 들을 뛰어다녔어.

나는 시골에 사는 멜람푸스에게 딸들을 치료해 달라고 부탁했어. 너희들도 알겠지만 멜람푸스는 아주 대단한 능력을 갖고 있잖아? 그런데 치료비가 엄청났어. 아르고스 왕국의 3분의 1을 달라는 거야. 나는 너무 비싸다고 거절했어.

그런데 엎친 데 덮친 격으로 이번에는 딸들뿐 아니라 다른 여자들까지 미쳐 날뛰기 시작했어. 나라가 엉망이 되었지. 나는 멜람푸스에게 왕국의 3분의 1을 줄 테니 치료해 달라고 부탁했어. 그런데 이번에는 3분의 2를 달라는 거야. 순식간에 치료비가 두 배로 뛴 거지.

백성이 제대로 서야 왕도 필요한 거 아니겠어? 온 나라가 미쳐 가는데 왕이 무슨 소용이겠어. 그래서 난 결국 왕국의 3분의 2를 내놓고 말았지.

멜람푸스는 건장한 젊은 남자들과 함께 고함을 치고 춤을 추면서 증세가 제일 심각한 여자를 산에서 몰아냈어. 그러자 그 여자를 제외한 다른 여자들이 모두 정신을 차렸지.

나도 정신을 차렸어. 우리 조상들이 싸우고 내가 쌍둥이 형제와 싸워서 이런 일이 일어났다는 걸 깨달았지. 나는 멜람푸스를 사위로 삼고 그에게 왕위를 물려주었어. 열심히 싸운 건 난데 정작 왕이 된 건 멜람푸스라니, '죽 쒀서 개 준 꼴'이었지.

>>>>> 프로이토스의 딸들은 왜 미쳤을까?

프로이토스와 스테네보이아 사이에서 난 딸들을 통틀어 프로이티데스라고 하는데, 리시페와 이피아나사 두 명으로 보기도 하고, 여기에 이피노에를 더해 세 명으로 보기도 한다. 이들은 헤라의 저주를 받아 미쳤다고 하는데, 거기에는 여러 가지 이유가 전해 온다. 자신들이 헤라보다 아름답다고 주장해 헤라의 노여움을 샀기 때문이라고도 하고, 헤라의 신전을 비웃었기 때문이라고도 한다. 헤라의 옷에서 금을 훔쳤기 때문이라는 이야기도 있다.

아크리시오스

>>> **프로필**
특징 아르고스의 왕, 프로이토스와 쌍둥이 형제
출생 아바스와 아글라이아의 아들
배우자 에우리디케
자녀 다나에

나는 프로이토스의 쌍둥이 형제 아크리시오스야. 내게도 불행의 그림자가 드리웠어. 프로이토스와 달리 천천히 오긴 했지만 말이야.

프로이토스의 불행을 보니 나도 덜컥 겁이 났어. 그래서 신탁을 했지. 그랬더니 내가 외손자의 손에 죽을 운명이라는 거야.

나는 어떻게 할지 곰곰이 생각하다가 신들에게서 답을 얻었어. 크로노스가 태어난 아이들을 꿀꺽 삼킨 것보다 더 강력한 방법을 쓰기로 했지. 아예 아이를 태어나지 못하게 만드는 거야.

나는 하나뿐인 딸 다나에를 청동으로 만든 탑에 가두고 주위에 남자들을 얼씬도 못하게 했어. 다나에가 아이를 낳지 못하면 내게 외손자가 생길 리 없잖아. 어이, 프로이토스! 난 싸움도 잘하지만 머리도 좋다고.

불쌍한 다나에는 청동 탑에 갇혀서 하늘만 바라보며 살았어. 평생을 청동 탑에 갇혀 지내야 하는 다나에를 모두들 가여워했지. 하지만 나부터 살고 봐야지 어쩌겠어.

그런데 마른하늘에 날벼락 치듯 말도 안 되는 일이 벌어졌어. 다나에가 임신을 한 거야. 그녀는 하늘에서 황금 비가 내린 뒤 임신을 했다고 말했어. 하지만 그게 어디 말이나 되는 소리야? 다나에 말로는 아기의 아버지가 제우스라는데 믿어야 할지 말아야 할지 모르겠어. 하기야 다나에가 늘 하늘만 보고 살았으니까 그럴지도 모르지.

나는 다나에와 갓 태어난 아기 페르세우스를 차마 죽이지는 못하고 상자에 넣어 강에 버렸어. 무정한 아버지라고 욕할지 모르지만 내가 먼저 살고 봐야지.

며칠 전에 외손자 페르세우스가 끔찍한 괴물 메두사를 물리치고 영웅이 되어 고향으로 돌아온다는 소식을 들었어. 그냥 거기서 살지. 나는 두려워서 왕의 자리까지 내동댕이치고 시골에 가서 몸을 숨겼어.

그런데 때마침 마을에서 운동 경기가 열린다고 해서 구경하러 갔어. 한참 재미있게 보고 있는데 어디선가 원반 하나가 날아와 나를 쳤어. 난 그 자리에서 죽고 말았지. 그리고 원반을 던진 사람은 다름 아닌 페르세우스였어. 마을을 지나다가 우연히 경기에 참가했던 거지.

신탁은 한 번도 틀린 적이 없어. 왕이 되려고 그렇게 아등바등했지만 프로이토스나 나나 결국 제대로 된 왕권은 가져 보지도 못했으니 말이야. 이제야 비로소 싸움보다 사랑이 필요하다는 말의 의미를 알 것 같아.

페르세우스

>>> **프로필**
특징 아르고스 출신의 용사
출생 제우스와 다나에의 아들
배우자 안드로메다
자녀 페르세스, 헬레이오스 등

 강에 버려진 우리를 구해 준 사람은 세리포스에 사는 딕티스라는 어부였어. 딕티스는 알지도 못하는 우리를 잘 보살펴 주었어. 마음이 따뜻한 사람이었지.

 그런데 세리포스에는 못된 사람도 있었어. 바로 그 나라의 왕이었지. 그는 우리 엄마 다나에의 미모에 반해 강제로 결혼하려고 했어.

 어머니를 지킨 건 바로 나였어. 난 제우스의 피를 물려받았기 때문에 힘이 아주 셌거든. 세리포스의 왕은 나와 우리 엄마를 떼어 놓기 위해 꾀를 냈어. 결혼을 하면서 백성들에게 선물을 바치라고 강요했는데 정작 내가 바친 선물은 거부했어. 그러더니 대신 메두사의 목을 선물로 바치라는 거야. 모험을 떠나라는 뜻이었지. 너희들도 눈치챘겠지만 신화에서는 아르고 원정대처럼 떠나는 사람이 이기게 되어 있어.

 메두사는 그리스 로마 신화에 나오는 가장 끔찍한 괴물이잖아. 그녀의 얼굴을 보기만 하면 돌이 되어 버리기 때문에 제대로 본 사람은 없지만, 머리카락은 살아 있는 뱀에, 이빨은 사자보다 예리하며, 손은 강철로 되어 있고, 황금 날개를 가졌다고 전해져.

사람이 돌이 된다는 건 얼굴만 봐도 너무 무서워서 차라리 돌이 되는 게 낫다고 생각할 정도로 끔찍하고 추악하다는 거야.

원래 메두사는 '여왕'이라는 뜻이었어. 그만큼 기품 있고 아름다웠지. 그녀는 원래 아테나 신전의 사제로 포세이돈과 연인 사이였어. 둘이 아테나 신전에서 데이트를 했는데, 신성한 신전에서 사제가 데이트를 했다는 사실에 분노한 처녀 신 아테나가 메두사를 괴물로 만들었지. 포세이돈에게는 화를 낼 수 없으니까 메두사에게 화풀이를 한 거야.

나는 메두사와 싸우기 위해 출발했지만 메두사가 어디에 있는지조차 알 수 없었어. 그때 내게 도움의 손길을 내민 신이 있었어. 바로 지혜의 여신 아테나였어. 아테나만큼 메두사를 미워한 신은 없을 테니까.

메두사가 있는 곳을 아는 건 그라이아이 자매들뿐이었어. 그라이아이 세 자매는 태어날 때부터 노파의 모습이었는데, 셋이 합쳐 눈과 이빨이 각각 하나밖에 없었어. 그들은 필요할 때마다 눈과 이빨을 돌려가며 사용했지.

아테나는 내게 그라이아이 자매들이 어디 있는지 알려 주었어. 나는 몰래 그곳으로 가서 냉큼 눈과 이빨을 빼앗았어. 그라이아이 자매들은 그나마 하나 있던 눈과 이빨마저 빼앗겨 아예 먹지도, 보지도 못하게 되었지. 이빨도 없는 입으로 어찌나 심한 욕을 하던지……. 나는 메두사가

있는 곳을 알아내고 나서야 눈과 이빨을 돌려주었어.

메두사가 있는 곳을 알아낸 나는 헤르메스한테서 날개 달린 샌들과 메두사의 목을 담을 자루, 머리에 쓰면 투명 인간이 되는 모자, 강철로 된 낫을 빌렸어.

나는 메두사의 얼굴을 보지 않기 위해 등을 돌리고 살금살금 다가갔어. 잠시 후 깨끗하게 닦은 청동 방패에 메두사의 모습이 비쳤어. 난 눈을 감고 돌아서서 강철 낫으로 메두사의 머리를 잘랐지. 피가 사방으로 튀었어. 그리고 메두사의 머리가 잘릴 때 그 핏속에서 날개 달린 말 페가소스가 태어났지.

나는 메두사의 목을 주머니에 넣고 돌아왔어. 그런데 도중에 이상한 광경을 목격했어. 예쁜 처녀가 바닷가 바위에 묶여 있는 거야. 사람들은 풀어 줄 생각도 하지 않고 멀찍이 떨어져 구경만 하고 있었어.

사람들에게 물었더니 그녀는 에티오피아의 공주 안드로메다인데, 괴물에게 제물로 바쳐졌다는 거야. 난 괴물을 물리쳤어. 아주 간단해. 눈을 감고 주머니에서 메두사의 목만 꺼내 들면 되니까.

나는 안드로메다와 결혼했어. 모험은 이래서 좋아. 메두사의 목도 얻고, 예쁜 아내도 얻고, 명성도 얻었으니 말이야.

난 세리포스 왕의 궁전으로 갔어. 그리고 눈을 감고는 주머니에서 메두사의 목을 꺼내 이렇게 말했지. "당신이 원하는 걸 가지고 왔소." 세리포스 왕은 멋진 돌 조각상이 되어 버렸지.

우리를 구해 준 딕티스가 세리포스의 왕이 되었어. 내 어머니 다나에는 왕비가 되었고. 나는 고향인 아르고스로 돌아갔지만 외할아버지(아크리시오스)를 죽였기 때문에 왕위에 오르지는 못했어.

왕이 되면 뭐해? 왕이었던 아이깁토스와 다나오스, 프로이토스와 아크리시오스 모두 불행해졌는걸.

나는 두 가지 수수께끼를 풀며 살았어. 첫 번째 왜 메두사의 피에서

페가소스가 태어났을까? 두 번째 왜 메두사의 머리는 끔찍하고 무서운 것일까? 내 생각은 이래.

메두사는 괴물이 된 뒤로 외롭고 힘든 나날을 보냈을 거야. 사람들을 만날 수도 없었겠지. 모두 돌이 되어 버릴 테니까. 하지만 남들처럼 자유롭게 살고 싶었을 거야. 그런 메두사에게 하늘을 훨훨 나는 페가소스는 유일한 희망이었겠지.

메두사의 머리는 아르고스 집안의 원죄인 49개의 머리를 뜻하는 게 아닐까? 그 49개의 머리가 하나로 모이면 메두사의 머리처럼 끔찍하고 무서운 머리가 되는 거지.

이제 49개의 머리 때문에 생긴 다툼을 끝내려고 해. 그 임무를 수행할 주인공은 너희들도 잘 아는 헤라클레스야. 내 귀여운 손자이기도 하지.

>>>>> **괴물 세 자매, 고르곤**

페르세우스에게 죽음을 당한 메두사에게는 스테노와 에우리알레 두 명의 자매가 더 있었다. 이 세 자매를 가리켜 '고르곤'이라고 하며, 바다의 신 포르키스와 케토 사이에서 태어났다. 이들은 뱀의 머리카락에 날카로운 이빨, 강철로 된 손을 가지고 있었다.

헤라클레스

>>> **프로필**
특징 그리스 신화에서 가장 유명한 영웅
로마 이름 헤르쿨리스
출생 암피트리온과 알크메네의 아들
 *진짜 아버지는 제우스임
배우자 테스피오스의 50명의 딸들 메가라 등
자녀 안틸레온 등 50명의 아들, 마카리아 등

우리는 벌써 여러 번 만났어. 기가스와 치렀던 전쟁인 '기간토마키아'에서도 만났고, 아드메토스 이야기에서도 만났지.

나의 탄생에 관해서는 앞에서 이야기했으니 넘어가고, 죽을 뻔했던 이야기부터 할게. 나는 태어나기 전부터 죽을 고비를 넘겼어. 내가 제우스의 아들임을 안 헤라가 출산의 여신에게 명령해 나를 태어나지 못하게 막았지. 그 때문에 어머니 배 속에서 7일이나 갇혀 있었어.

그 뒤로도 겨우 태어나 8개월쯤 되었을 때 헤라가 나를 죽이려고 무서운 독을 품은 뱀 두 마리를 보냈어. 보내려면 티폰 정도는 보내야지. 나는 뱀을 가지고 놀다가 목 졸라 죽여 버렸어. 그 정도는 장난감에 불과했거든.

열일곱 살에는 사람들을 괴롭히던 사자와 싸워 이겼어. 그 덕분에 왕의 사위가 되어 자식을 셋 얻었어. 그리고 헤르메스한테서 칼을, 아폴론에게서 활과 화살을, 헤파이스토스한테서 황금 갑옷을, 아테나에게서

옷을 선물받았지. 젊은 나이에 신들도 인정한 영웅이 된 거야.

나는 기고만장했어. 우쭐대면서 나를 방해할 사람은 아무도 없다며 큰소리쳤지. 그런데 감히 나를 방해할 사람은 없었지만 방해할 신은 있었나 봐. 바로 헤라였어. 신들은 늙지도 죽지도 않기 때문에 시간이 지나도 변하지 않아. 20년이 지나도 어제 일처럼 똑똑히 기억하고 복수의 칼날을 들이대지.

하루는 내 가족을 죽이려 했던 리코스를 죽이고 잔치를 열었어. 술에 취해 잠깐 정신을 잃었는데 그때 헤라가 내 정신을 흔들어 놓았어. 난 프로이토스의 딸들처럼 미쳐서 내 손으로 아내와 아이들을 죽이고 말았지.

난 다른 사람도 죽이려고 했어. 그때 지혜의 여신 아테나가 내 가슴을

세게 때렸지. 퍼뜩 정신을 차렸지만 이미 아내와 아이들은 이 세상 사람이 아니었어.

나는 자만심을 버리고 처음부터 다시 시작하기로 결심했어. 나는 내 스스로에게 추방이라는 벌을 내리고 델포이로 가서 신탁을 했어. 그런데 거기서 이상한 말을 들었어. 내 이름은 알케이데스인데, 무녀가 나를 헤라클레스라고 부르는 거야. 헤라클레스는 '헤라의 영광'이라는 뜻이거든. 헤라는 늘 나를 없애려고 하는데 내가 그녀의 영광이 되다니, 이게 무슨 뚱딴지같은 소리냐고?

무녀는 나에게 앞으로 에우리스테우스의 부하가 되어 12년 동안 봉사하면서 열두 개의 어려운 일을 마쳐야 한다고 말했어. 나는 죽기보다 싫었지만 지은 죄가 너무 커서 굴욕을 참고 에우리스테우스의 부하가 되었어. 아폴론이 아드메토스의 노예였다는 사실이 조금은 위안이 됐지.

에우리스테우스는 나를 마구 부려 먹었어. 물론 정확하게 말하면 에우리스테우스가 아니라 그 뒤에서 조종하던 헤라였지만. 아무튼 에우리스테우스는 땡잡은 거지.

에우리스테우스는 나에게 열두 가지 힘든 일을 시켰어. 그것을 흔히 '헤라클레스의 열두 가지 과업'이라고 불러. 열두 가지 일 가운데 여섯 가지는 펠로폰네소스 반도에서, 두 가지는 그리스에서 멀리 떨어진 곳에서, 나머지 네 가지는 저승을 비롯한 현실에 존재하지 않는 곳에서 행해졌어.

나는 이 '열두 가지 과업'을 끝내야 헤라의 분노에서 벗어날 수 있고 진정한 영웅이 될 수 있다는 걸 알았어. 그래서 죽을힘을 다해 과업을 끝마쳤지. 그리고 고통과 인내 뒤에 참된 행복이 있다는 것을 깨달았어. 너희도 내 모험에 함께해 봐.

>>>>> **헤라클레스의 자식들**

헤라클레스에게는 테스피오스의 딸들 50명에게서 낳은 50명의 아들을 포함해 모두 70명의 자식이 있었다고 한다. 자식 중 대부분은 아들이고, 데이아네이라에게서 낳은 마카리아 등 몇 명만 딸이다. 한편 그의 배우자는 테스피오스의 딸들 50명 외에 메가라, 아스티오케, 파르테노페, 에피카스테, 칼키오페, 아우게, 데이아네이라, 옴팔레, 아스티다메이아, 아우토노에, 헤베, 메다 등이 알려져 있다.

헤라클레스의 열두 가지 과업

❶네메아 계곡의 식인 사자를 죽여 가죽 벗겨오기 ❷레르네 습지에 사는 히드라 퇴치하기 ❸케리네이아의 사슴을 산 채로 잡아 오기 ❹에리만토스의 멧돼지를 산 채로 잡아 오기 ❺아우게이아스 왕의 마구간 청소하기 ❻스팀팔로스의 괴물 새 쫓아내기 ❼크레타의 황소를 산 채로 잡아 오기 ❽디오메데스 왕의 식인 말을 산 채로 잡아 오기 ❾아마존의 여왕 히폴리테의 허리띠 가져 오기 ❿괴물 게리온의 소 떼를 산 채로 데려오기 ⓫헤스페리데스 자매가 지키는 황금 사과 따 오기 ⓬하데스의 괴물 개 케르베로스를 산 채로 잡아 오기

첫 번째 과업은 네메아 계곡에 사는 식인 사자의 가죽을 가지고 오는 일이었어. 그 사자는 달의 여신이 젖을 먹여 키운 사자로, 신들을 주눅 들게 했던 티폰의 후손이었어. 사자라기보다는 괴물에 가까웠지. 그 사자는 네메아 계곡에서 닥치는 대로 사람을 잡아먹었어.

나는 네메아 계곡 입구에서 떡갈나무를 뽑아 엄청 크고 강한 곤봉을 하나 만들었어. 무척 마음에 들었지. 하늘에 있는 내 별자리(헤라클레스 자리)를 보면 사자 가죽과 곤봉을 든 내 모습이 나타나 있을 정도야.

나는 계곡에서 식인 사자를 발견하고는 활과 곤봉으로 사자를 공격했어. 그런데 끄떡없었어. 그래서 사자를 번쩍 들어 올려 목 졸라 죽여 버렸지.

두 번째 과업은 머리가 아홉 개인 물뱀 히드라를 퇴치하는 거였어. 히드라가 사는 곳은 우리 조상의 머리 49개가 묻혀 있는 레르네 습지였지.

히드라는 머리를 하나 자르면 그곳에서 머리가 두 개 나왔어. 게다가

머리 중 한가운데에 있는 머리는 죽지 않는 머리였지. 그때 함께 있던 조카 이올라오스가 물과 불은 서로 어울리지 않으니 불로 공격해 보라고 말했어.

나는 여덟 개의 머리를 자른 다음 불로 지져서 새 머리가 나오지 못하게 했어. 그리고 죽지 않는 가운데 머리는 큰 바위로 눌러 꼼짝 못하게 만들었지.

세 번째 과업은 케리네이아에 사는 사슴을 산 채로 잡아 오는 것이었어. 이 사슴은 사냥의 여신 아르테미스의 전차를 끄는 네 마리 사슴 중 한 마리로 황금 뿔을 가진 사슴이었어. 나는 1년을 따라다닌 끝에 강 근처에서 자고 있는 사슴을 그물로 사로잡았지.

사슴의 주인인 아르테미스는 성격이 잔인해서 내심 걱정이 되었는데, 예전에 헤라에게 당한 경험이 있어서인지 방해하지는 않더라고.

네 번째 과업은 에리만토스에 사는 멧돼지를 산 채로 잡아 오는 거였어. 멧돼지를 잡으러 가는 도중에 켄타우로스(상체는 사람이고 하체는 말인 상상의 동물)인 폴로스를 만나 친해졌어. 친구를 사귀는 건 최고의 기쁨이야. 그런데 그 만남이 결국 나를 죽게 하고 말았지.

폴로스와 함께 술을 마시다 취한 나는 술김에 켄타우로스들과 싸움을 벌였고 많은 켄타우로스들을 죽이고 말았어. 그에 앙심을 품은 켄타우로스 하나가 훗날 나를 죽게 했지. 여하튼 우격다짐으로 에리만토스의 멧돼지를 포위해 역시 그물로 사로잡았어.

다섯 번째 과업은 아우게이아스의 마구간을 청소하는 일이었어. 얼핏 쉬워 보이지만, 그 마구간은 무려 30년 동안 청소를 한 적이 없었어. 그래서 마구간 곳곳에 말똥이 잔뜩 쌓여 있었지.

나는 지독한 냄새를 맡으며 잠시 생각했어. 말똥을 삽으로 퍼내려면 꽤 오래 이 지독한 냄새를 맡아야 할 거야. 그래서 꾀를 냈지. 근처의 강물을 마구간으로 흘러 들어오게 한 거야. 강한 물살이 켜켜이 쌓여 있던 말똥을 순식간에 휩쓸고 지나갔어. 30년 동안 버려졌던 마구간이 단 하루만에 깨끗해졌지. 난 힘만 센 게 아니야. 머리도 좋다고, 음하하!

여섯 번째 과업은 스팀팔로스에 있는 괴물 새를 쫓아내는 거였어. 그 괴물 새는 깊은 숲 속 호숫가에 살았는데, 날개 끄트머리가 청동으로 되어 있었어. 그 새들은 떼 지어 날아다니며 사람을 습격하거나 농사를 망쳤지.

아무리 궁리해 봐도 이 괴물 새들은 내 힘과 머리만으로 상대할 수 있는 녀석들이 아니었어. 그럴 때 신들이 필요하지. 아테나가 헤파이스토스의 방울을 빌려 주었어. 방울을 흔들자 새들이 내 주위로 몰려들었고 난 화살을 쏘아 모두 죽였지. 자기 힘만 믿어서는 안 돼. 다른 사람이나 신의 힘도 빌릴 줄 알아야 진정한 영웅이 될 수 있지.

일곱 번째 과업은 펠레폰네소스를 벗어나 크레타 섬에 사는 황소를 데려오는 일이었어. 이 황소는 크레타의 왕 미노스가 포세이돈에게 부탁하여 포세이돈이 바닷속에서 보내 준 황소였어.

나는 미노스한테서 황소를 잡아가도 좋다는 허락을 받고 간단히 힘으로 제압해 에우리스테우스에게 가져갔어. 그러고는 황소를 자유롭게 풀어 주었지. 그때 죽였어야 했는데…….

황소가 여기저기 떠돌아다니며 사람들을 괴롭혔거든. 주인 포세이돈을 닮아서 성격이 포악했어. 미노스의 아들까지 물어 죽였다니까. 그러다가 나중에 아테네의 영웅 테세우스에게 잡혀 죽었어. 하긴 내가 황소를 살려 두었으니 새로운 영웅 테세우스도 탄생할 수 있었지.

여덟 번째 과업은 트라키아 사람인 디오메데스의 말을 미케네로 데리고 오는 거였어. 디오메데스는 전쟁의 신 아레스의 아들로 전쟁을 좋아하는 왕이었어. 그는 사람을 먹는 식인 말을 가지고 있었지.

나는 바다를 건너가 말을 지키는 사람들을 쫓아내고 그 말을 바다로 끌고 왔어. 그러자 디오메데스가 부하들을 이끌고 나타났어. 사람을 잡아먹는 말도 나쁘지만 그런 말을 키우는 사람이 더 나빠. 나는 먼저 디오메데스를 죽여서 저승으로 보냈어. 말도 죽이고 싶었지만 산 채로 잡아 가야 했기 때문에 참았지. 훗날 식인 말은 여기저기 떠돌다가 들짐승들에게 죽음을 당했어.

아홉 번째 과업은 한편으로는 매우 쉽고 한편으로는 매우 어려운 일이었어. 여자들만 사는 아마존에 가서 그곳의 여왕 히폴리테의 허리띠를 가져오는 거였거든. 그 허리띠는 전쟁의 신 아레스가 최고의 전사인 그녀에게 선물로 준 거였어.

아마존의 여자들은 남자아이가 태어나면 죽이거나 다른 도시로 쫓아내고 여자아이만 키웠어. 그들은 싸움을 아주 잘해서 여자라고 얕보고 덤볐다가 죽은 남자들이 많았지.

나는 히폴리테에게 허리띠를 빌려 달라고 정중하게 부탁했어. 히폴리테는 내게 호감을 느꼈는지 선선히 허리띠를 풀어 주었어. 여기까지는 쉬웠어. 그런데 헤라가 아마존의 여자로 변신해 이방인이 여왕을 납치하려 한다고 소문을 퍼뜨린 거야. 그 소문을 들은 여자들이 내게 벌거벗고 덤벼드는데 아주 민망해 죽는 줄 알았어. 그래서 어떻게 했냐고? 그냥 도망쳤지.

돌아오는 길에 트로이에 들렀어. 트로이의 왕이 아폴론과 포세이돈을 속여서 도시에 역병이 돌고 높은 해일이 몰려왔어. 골라도 하필이면 인정머리 없는 아폴론과 포세이돈을 골랐을까, 쯧쯧.

트로이의 왕이 나를 붙잡고 통사정을 하는 바람에 제우스한테서 선물로 받았다는 소를 받기로 하고 재앙을 막아 주었어. 그런데 트로이의 왕은 약속한 소를 주지 않았어. 신들을 속인 것으로도 모자라 나까지 속인 거야. 훗날 트로이에서 큰 전쟁이 일어난 것도 다 그런 이유 때문이지.

트로이에서 그리스로 돌아오던 도중에는 배가 폭풍에 휩쓸려 코스 섬까지 떠내려갔어. 폭풍은 제우스가 나를 불러들이려고 보낸 것이었지. 기가스와 한판 붙은 곳이 코스 섬이었거든. 기가스를 무찌르기 위해 내가 태어났다는 건 앞에서 프로메테우스가 이야기했지?

열 번째 과업은 에리테이아에 있는 게리온의 소 떼를 데려오는 거였어. 게리온은 다리는 하나인데, 몸통은 세 개인 괴물이야. 원래 몸통이 하나 있고, 옆구리와 허벅지에서 각각 하나씩 더 나와 있지. 그는 저승의 신인 하데스가 변신한 거였어.

나는 이 열 번째 일을 하기 위해 리비아로 갔어. 그곳에 간 기념으로 산 위에 두 개의 기둥을 세웠는데, 사람들은 그것을 '헤라클레스의 기둥'이라고 부르더군.

나는 괴물 개와 거인, 게리온까지 모두 죽이고 게리온의 소 떼를 몰고 돌아왔어. 그런데 티레니아 지방을 지날 무렵, 소 한 마리가 갑자기 무리에서 빠져나가 바다로 뛰어들었어. 그러더니 시칠리아로 헤엄쳐 갔지. 당시 티레니아 사람들은 황소를 이탈로스라고 불렀거든. 여기서 이탈리아라는 지명이 생겨났지.

원래 나에게 주어진 일은 모두 열 개였어. 나는 8년 1개월 만에 일을 끝냈지. 그런데 에우리스테우스는 내가 히드라를 죽일 때 조카의 도움을 받았고, 아우게이아스의 마구간을 치울 때는 대가를 요구했다며 두 개의 일을 더 해야 한다고 우겼어. 그러더니 아주 어려운 일을 시켰지.

열한 번째 과업은 아틀라스(제우스에게서 지구를 떠받치는 벌을 받은 신)의 딸 헤스페리데스 자매가 지키고 있는 황금 사과를 가져오는 거였어. 그때 프로메테우스가 도와주지 않았다면 난 아마 돌아오지 못했을 거야.

나는 헤스페리데스 자매가 어디에 사는지 몰랐어. 그래서 미래를 볼 줄 아는 프로메테우스를 찾아갔지. 나는 프로메테우스를 괴롭히던 독수리를 활로 쏘아 죽였어. 고통에서 해방된 프로메테우스는 아틀라스가 사는 곳을 알려 주면서 내게 충고했어.

아틀라스를 찾아가 용건을 말하자, 그는 "내가 황금 사과를 가지고 올 테니 잠깐 이것 좀 들고 있게."라며 내게 지구를 넘겼어. 힘이라면 결코

뒤지지 않는 나인데도 무거워서 놓칠 뻔했어. 지금은 인구가 늘었으니 그때보다 더 무겁겠군.

황금 사과를 가져온 아틀라스는 내 눈치를 보면서 "이 사과, 내가 갖다 주면 안 될까?"라고 물었어. 어마어마하게 무거운 지구를 나한테 떠넘길 속셈이었던 거지.

"그렇게 하세요."

나는 선선히 승낙했어. 그러고는 이렇게 말했지.

"그런데 바지 좀 올리게 잠깐만 들고 계세요."

아틀라스는 아무 의심 없이 다시 지구를 건네받았어.

"으하하. 그럼 수고하세요."

나는 황금 사과를 들고 그 자리를 빠져나왔이. 뒤에서 욕설이 뒤섞인 괴성이 들려왔지. 그때 아틀라스의 표정을 봤어야 하는데. 프로메테우스가 내게 해 준 충고는 바로 이거였어. 하마터면 평생 지구를 짊어지고 살 뻔했지 뭐야. 불쌍한 아틀라스!

마지막 열두 번째 과업은 하데스를 지키는 괴물 개 케르베로스를 데려오는 일이었어. 케르베로스는 머리가 셋에다 뱀의 꼬리가 달려 있고, 등에서 온갖 뱀들이 혀를 날름대는 괴물이었어. 저승에서 도망친 사람을 먹고 살았는데, 그 역시 티폰의 후손이었지.

에우리스테우스가 나를 하데스에게 보낸 건 이제 그만 죽으라는 말과 같았어. 첫, 그만한 일로 죽을 거였으면 벌써 죽었지.

내가 저승으로 들어가자 메두사를 제외한 모든 영혼들이 놀라 도망쳤어. 나는 하데스의 허락을 얻어 케르베로스를 데리고 나왔어. 그러자 이번에는 지상의 모든 사람들이 도망쳐 버렸어. 에우리스테우스는 질색을 하며 얼른 가서 돌려주고 오라고 난리를 쳤어. 그러면서 한달음에 도망쳐 버리고 말았지.

>>>>> **저녁의 요정 헤스페리데스**

헤스페리데스는 아이글레, 에리테이아(아레투사), 헤스페라레투사(헤스페리아) 세 명의 자매를 통틀어 이르는 말이다. 황금 사과가 열리는 사과나무는 헤라가 제우스와 결혼할 때 대지의 여신 가이아가 준 선물로, 머리가 100개 달린 용 라돈과 함께 세 자매가 돌보았다.

헤라클레스의 죽음

힘쓰는 일이라면 얼마든지 하겠는데 길게 이야기하는 건 아무래도 내 체질에 안 맞아. 하지만 어쩌겠어? 내가 잘나서 그런 건데. 그리스 로마 신화에서 나 빼면 할 이야기가 없잖아? 안 그래?

열두 가지 과업을 무사히 마쳤는데도 헤라의 눈길은 여전히 차가웠어. 나에 대한 증오가 얼마나 심했던지 제우스조차 참다못해 역정을 냈어. 오죽했으면 헤라의 팔다리를 묶고 무거운 추를 달아 올림포스 산꼭대기에 매달아 놓았겠어?

그런데도 헤라는 포기하지 않았어. 아마 내가 죽을 때까지 포기하지 않을걸. 나는 헤라 때문에 종종 정신 착란을 일으켜서 여러 사람을 죽였어. 심지어는 신탁을 하러 갔다가 태양의 신 아폴론과 한판 붙은 적도 있다니까. 제우스가 벼락을 던져 뜯어말려서 겨우 진정되긴 했지만 제정신이 아니었지. 그래, 내가 죽어야 끝날 일이야.

에우리스테우스가 시킨 마지막 과업을 수행하러 저승에 갔을 때 그곳

에서 멜레아그로스를 만났어. 죽지 않고 영원히 살 수도 있었지만 안타깝게도 젊은 나이에 죽고 만 불쌍한 칼리돈의 왕자 말이야.

멜레아그로스는 자기 여동생이 예쁘다며 내게 아내로 삼아 달라고 부탁했어. 그래서 칼리돈으로 갔지. 그런데 이미 멜레아그로스의 여동생 데이아네이라에게 청혼을 한 신이 있었어. 강의 신 아켈로오스였지.

우리는 데이아네이라를 사이에 두고 결투를 벌였어. 난 황소로 변한 아켈로오스의 뿔을 부러뜨렸어. 그렇게 결투에서 이겨 데이아네이라와 결혼했는데, 사소한 실수로 아이를 하나 죽이는 바람에 칼리돈에서 쫓겨났지. 사람을 죽이면 그 나라에서 쫓겨나는 게 그리스의 옛 풍습이야.

아내와 함께 고향으로 돌아가는데 큰 강이 우리 앞을 가로막았어. 그때 켄타우로스인 네소스가 나타나 아내를 태워 건네주겠다고 했어. 그런데 강을 건네주더니 아내에게 나쁜 짓을 하려고 드는 거야. 나는 얼른 활을 쏘아 네소스를 죽였지.

네소스는 죽어 가면서 훗날 내 사랑이 식으면 사랑의 묘약으로 자신의 피를 쓰라고 아내에게 말했어. 그 말에 데이아네이라는 그의 피를 몰래 숨겼지.

여자의 질투는 무서워. 세월이 흘러 내가 이웃 나라를 정복하러 간 적이 있었는데, 거기서 어떤 여자를 첩으로 삼았다는 말도 안 되는 소문이 아내의 귀에 들어갔어. 아내는 네소스의 피를 써서 내 사랑을 되돌려 놓아야겠다고 생각했어.

　내가 집에 들어가자 아내는 갈아입으라며 깨끗한 옷을 내주었어. 그 옷에 네소스의 피를 묻혀 놓았던 거지. 잠시 후 체온으로 옷이 따뜻해지자 독이 피부로 스며들기 시작했어. 벗으려고 했지만 옷이 찰싹 달라붙어 벗을 수가 없었어. 나는 살점과 함께 옷을 쥐어뜯었어. 내 몸은 곧 피투성이가 되었지.

　그건 네소스의 복수였어. 내 모습을 본 아내는 자책감에 괴로워하다가 스스로 목숨을 끊었어. 나는 내가 죽을 때가 되었음을 깨달았어. 난 산 사람이 아닌 죽은 사람 때문에 목숨을 잃는다는 신탁을 받았거든.

난 스스로 장작더미를 쌓았어. 그리고 그 위에 올라가 누웠어. 참 편안했어. 괴물도 많이 죽이고 사람도 많이 죽였으니 이제 죽어도 여한이 없었지. 그런데 아무도 장작더미에 불을 붙이려 하지 않았어. 그래서 지나가는 양치기에게 내 활과 화살을 주면서 불을 붙이게 했어.

올림포스의 신들도 다들 안타까워하며 내 죽음을 지켜보았어. 힘차게 불이 타오르더니 이윽고 내 몸에도 옮겨붙었어. 몸이 다 탔을 때 갑자기 천둥소리가 나더니, 몸이 붕 떠오르는 느낌이 들었어.

정신을 차려 보니 올림포스에 와 있더군. 제우스가 웃으며 말했어.

"너는 신이 되었다. 이제 다시는 죽을 일이 없단다."

평생을 괴롭히던 헤라와도 화해했어. 청춘의 여신이며 헤라의 딸인 헤베와 결혼했거든. 나의 이름이 헤라클레스(헤라의 영광)가 된 게 이 때문이야. 나는 그리스에서 가장 인기 많은 신이 되었어. 혹시 힘쓸 일 있으면 연락해.

> 넓고 깊게 신화 읽기

그리스의 건축, 신전

　그리스 건축 가운데 가장 독특한 것이 바로 신전입니다. 신전은 말 그대로 신을 모시는 장소입니다. 그리스 사람들이 처음부터 신전을 지은 것은 아닙니다. 아마 처음에는 제단만 있었을 겁니다. 제단에 제물을 차려 놓고 신들에게 제사를 지냈을 것으로 짐작됩니다. 그런데 신상을 만들면서부터 신상을 보호할 집이 필요해졌습니다. 그 집이 바로 신전이지요.

　신전은 신을 모시기 위해 만든 집입니다. 다시 말해서 사람을 위해 지은 것이 아니라는 겁니다. 제사와 같은 종교 의식은 주로 신전 정면 바깥에 있는 제단에서 치렀습니다. 신전은 보통 세 개의 단으로 이루어진 축대 위에 세웠습니다. 신상만 모시면 됐기 때문에 내부는 그리 복잡하지 않았습니다. 안으로 들어가는 문만 있으면 됐지요. 그런데 그리스 사람들은 신전의 앞뒤 모양이 다른 것을 싫어했습니다. 그래서 뒤에도 문을 만들었지요. 하지만 이곳은 모양만 문일 뿐 드나들 수 있는 통로는 아니었습니다.

　그리스 사람들은 신전에 신들과 영웅들의 이야기를 조각이나 그림으로 장식했습니다. 처음에는 장식을 전혀 하지 않다가 꽃무늬나 기하학 무늬 따위를 새겨 넣기 시작했습니다. 그러던 것이 신전 구석구석에 신화 이야기를 새겨 넣는 것으로 발전했지요.

파르테논 신전 기원전 5세기에 고대 아테네의 수호신이 아테나 여신을 위해 세운 신전이다. 그리스 신전의 기둥은 줄지어 늘어서 있어서 열주(줄기둥)라고 부르기도 한다.

　신전의 현관 위 지붕과 맞닿는 부분에 장식한 조각이나 그림을 '페디먼트', 페디먼트 아래 기둥 위에 장식한 조각을 '메토프'라고 합니다. 이렇게 신전에 신성한 이야기를 조각하거나 그림을 그린 것은 신전을 더욱 장엄하게 보이도록 하기 위해서였습니다.

　신전에서 또 하나 눈에 띄는 것은 기둥입니다. 굵은 기둥 역시 신전을 더욱 신성하게 보이게 하려고 만든 것이지요. 처음에는 현관에만 오른쪽과 왼쪽에 두 개 세우던 것을 점차 앞뒤로 네 개씩 여덟 개를 세웠다가 나중에는 두 줄로 된 기둥으로 신전을 둘렀습니다.

아름다운 섬의 신화!
크레타의 후손들

크레타는 섬이지만 유럽에서 가장 오래된 문명이 꽃핀 땅이야.
미노스가 세운 황소로 대표되는 미노아 문명은 대략 기원전 3500년에서
기원전 1500년 사이에 꽃핀 것으로 짐작하지. 크레타는 제우스가 크로노스의
눈을 피해 어린 시절을 보낸 곳이기도 해. 미노아 문명을 건설한 미노스를
만나기 전에 먼저 미노스의 어머니 에우로페부터 만나 보자고.

>>> 계보에서 찾아보는 등장인물

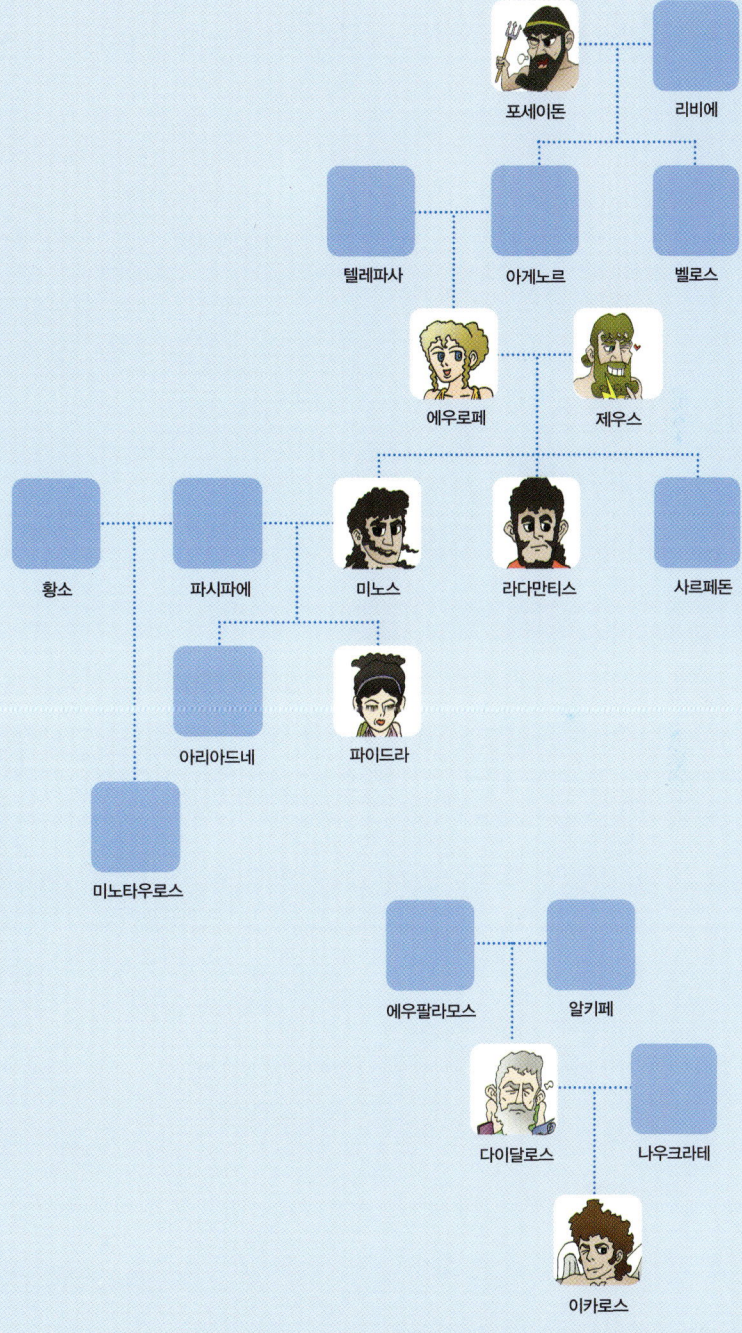

에우로페

>>> **프로필**
특징 페니키아의 공주
출생 아게노르와 텔레파사의 딸
배우자 제우스
자녀 미노스, 사르페돈, 라다만티스 등

나는 소아시아에 있는 페니키아의 공주야. 우리 집안은 아르고스에서 갈라져 나왔어. 아르고스에서 이집트로 건너온 이오의 후손 벨로스와 그의 두 쌍둥이 아들 아이깁토스, 다나오스는 만나 보았지?

내 아버지는 그 벨로스의 형제인 아게노르야. 벨로스는 이집트, 아라비아 등 북아프리카를 다스렸고, 아버지 아게르노는 지금의 터키 지방인 소아시아로 건너가 나라를 세웠지. 아버지는 어머니와 결혼해 나와 카드모스, 포이닉스, 킬릭스를 낳았어. 이 가운데 큰오빠 카드모스는 훗날 테베라는 도시를 건설하지.

어느 화창한 날, 난 해변에서 시녀들과 놀고 있었어. 그때 어디선가 황소 한 마리가 나타나 천천히 다가왔어. 황소는 내 앞에 오더니 등에 타라는 듯 무릎을 꿇었어. 시녀들이 말렸지만 나는 황소의 등에 올라탔어.

그러자 황소가 갑자기 첨벙 소리를 내며 바다로 뛰어들었고, 나는 너무 무서워 눈을 감고 황소에게 매달렸어. 황소는 오랫동안 헤엄쳐서 크

레타까지 갔어. 지도를 펼쳐 보면 알겠지만 페니키아에서 크레타까지는 엄청나게 먼 거리야.

나는 황소의 등에 앉아 온갖 상상을 다 했어. 내가 아무리 예뻐도 그렇지 황소까지 반하나? 아니면 요즘 내가 살이 통통해져서 맛있어 보이나? 혹시 멋진 신이 나를 데려오라고 한 건 아닐까?

크레타 섬에 도착하자 놀랍게도 황소가 사람의 모습으로 변했어. 그런데 그의 이름을 듣고는 더욱더 까무러치게 놀랐어. 바로 제우스였거든! 이오를 진심으로 사랑했던 제우스는 그녀를 잊지 못해 후손인 나를 선택했던 거야.

우리는 크레타에서 행복하게 살았어. 아이도 셋이나 낳았지. 아이들의 이름은 미노스, 라다만티스, 사르페돈이야. 모두 사내아이였지.

하지만 언제까지나 함께 살 수는 없었어. 나와 아이들은 사람이라 나이를 먹지만 제우스는 신이라 늙지도 죽지도 않을 테니까.

제우스는 눈물을 머금고 나와 크레타 왕의 결혼을 추진했어. 제우스는 크레타의 왕에게 나와 아이들을 맡아 주는 대가로 세 가지 선물을 주었어. 절대로 과녁을 벗어나지 않는 창, 반드시 사냥감을 잡는 개, 귀찮은 방문자를 내쫓아 주는 청동 인간 탈로스가 그것이었지. 앞에서 보았듯이 탈로스는 훗날 메데이아의 마법에 걸려서 죽어.

아이들은 왕자가 되어 잘 자랐어. 딱 한 번 셋이서 다툰 적이 있는데 그 때문에 셋이 헤어졌어. 다툼의 원인은 아폴론의 아들 밀레토스였어.

알파벳의 기원인 페니키아 문자

세 아이가 동시에 밀레토스를 좋아한 거야.

밀레토스는 똑똑한 미노스와 라다만티스가 아닌 사랑스러운 막내 사르페돈을 선택했어. 사르페돈과 밀레토스는 형들이 무서워 외국으로 도망쳤고 그 과정에서 둘이 헤어졌어.

사르페돈은 제우스가 수명을 세 배로 늘려 줘서 오래오래 살다가 트로이 전쟁에서 죽었어. 밀레토스는 세상을 떠돌아다니다가 오늘날 터키에 속하는 곳에 도시 국가를 세웠어. 도시 국가 밀레토스는 소크라테스로 대표되는 그리스 철학이 탄생한 곳이지.

이제 내 이야기로 마무리를 지어야겠어. 오늘날 유럽의 역사 교과서에서는 내가 페니키아에서 크레타로 건너간 일을, 페니키아의 문자가 유럽으로 전파된 것으로 풀이해. 페니키아는 서양에서 처음으로 알파벳이라는 문자를 발명한 문명이니까.

지금도 유럽(Europe)은 내 이름인 에우로페(Europe)를 쓰고 있잖아? 이렇게 따지면 내가 최초의 유럽 인인 셈이지. 내가 페니키아에서 그리스로 간 게 얼마나 크고 상징적인 사건인지 알겠지?

>>>>> **여신이 된 에우로페와 별자리가 된 황소**

에우로페는 죽은 뒤 여신이 되었다. 그리고 제우스가 변신했던 황소는 별자리인 황소자리가 되었다. 한편 에우로페와 결혼한 크레타의 왕은 아스테리오스인데, 그는 제우스와 에우로페의 자식들을 자기 자식들로 삼아 길러 주었다.

미노스

>>> **프로필**
특징 크레타의 왕
출생 제우스와 에우로페의 아들
배우자 파시파에
자녀 카트레우스, 데우칼리온 등

어머니는 내 새아버지인 크레타의 왕과 결혼한 뒤로는 크레타라는 딸 하나만 낳았어. 그래서 새아버지가 세상을 떠났을 때 내가 왕위에 올라야 했지. 그런데 반대하는 사람들이 많았어. 내 친아버지가 제우스라는 걸 믿을 수 없다는 게 이유였지.

"증거를 보여 주겠어."

나는 제우스가 아니라 포세이돈에게 멋진 소를 보내 달라고 부탁했어. 크레타는 섬이라서 사람들이 제우스보다 포세이돈과 더 가까이 지냈거든.

포세이돈은 내 부탁을 듣고 정말 훌륭한 소를 보내왔어. 사람들은 그제야 내가 제우스의 아들임을 인정했고 나는 왕이 되었지. 제우스는 아들인 나를 자랑스럽게 여겼어. 내가 워낙 똑똑했거든. 그는 9년에 한 번씩 나를 찾아와 세상 다스리는 법을 알려 주었어.

난 죽어서도 명석한 두뇌 덕을 좀 봤어. 죽은 사람을 심판하는 판관이

되었거든. 이렇게 똑똑했으니 미노아 문명도 뚝딱 건설했지. 그리스에서 헬레니즘 이전의 문명을 미노아 문명이라고 부를 정도니 내가 만든 문명이 얼마나 대단한지 알겠지? 어머니가 유럽에 새로운 문화를 전파했다면 난 그 문화를 발전시킨 장본인이야. 잘난 척 좀 그만하라고?

그럼 이건 어때? 난 아버지를 닮아서 여자들과 잘 지냈어. 여러 여자들과 친하게 지내니까 아내 파시파에가 나에게 몰래 약을 먹였지. 파시파에는 마법을 잘 쓰는 메데이아의 친척이었어. 약을 먹었더니 나와 친하게 지냈던 여자들이 모두 병에 걸리고 말았어. 나는 제우스가 크레타 왕에게 준 선물 가운데 창과 개를 주고 여자들의 병을 고쳐 주었어.

그건 자랑할 게 못 된다고? 그럼 이건? 나는 전쟁에 능했어. 붉은 머리카락을 뽑는 한 절대 죽일 수 없는 천하무적 메가라의 왕 니소스와 싸워서도 이겼어. 내가 직접 맞선 게 아니라 니소스의 딸을 시켜 머리카락을 뽑게 한 거였지만 말이야.

여자를 이용하다니 비겁하다고? 좋아. 그럼 이건 어때? 난 아테나 여신이 수호신으로 있는 아테네와도 싸워서 이겼어. 아테네를 함락시키지는 못했지만 신에게 빌어서 아테네에 전염병이 돌게 만들었지. 아테네는 결국 항복했고, 해마다 크레타에 소년 소녀 일곱 명씩을 제물로 바쳤어. 열네 명의 소년 소녀들은 미노타우로스라는 황소 괴물의 먹이가 되었지. 하지만 그 이야기는 차마 내 입으로 말할 수 없어. 신을 속여서 일어난 부끄럽고 창피한 일이니까.

다이달로스

>>> **프로필**
특징 예술가이자 건축가, 기술자
출생 에우팔라모스와 알키페의 아들
배우자 나우크라테(미노스의 여자 노예)
자녀 이카로스

흥, 잘난 척하기는! 미노스의 부끄러운 이야기는 내가 해 줄게. 미노스는 포세이돈이 보내 준 황소 덕분에 왕이 되었잖아. 그런데 감사의 표시로 포세이돈에게 바치려던 제물을 바꿔치기해서 다른 황소를 바쳤어. 좀 아까웠던 거지. 미노스가 원래 짠돌이거든.

화가 난 포세이돈은 미노스와 왕비 파시파에 사이에서 머리가 황소인 미노타우로스를 태어나게 했어. 미노스는 쉬쉬하며 그리스 최고의 기술자인 나를 불렀지. 너희들이 지금도 쓰고 있는 컴퍼스를 발명한 게 바로 나야. 믿거나 말거나지만.

"미노타우로스를 가둘 수 있는 미궁을 하나 만들어 주게."

나는 미노스의 명령에 따라 라비린토스라고 불리는 미궁을 만들었어. 그리고 미노타우로스를 그 속에 넣고, 아테네에서 제물로 바친 소년 소녀 열네 명을 먹이로 주었지.

불쌍한 아이들! 아테네는 매년 크레타에 보낼 아이들을 제비뽑기로

뽑았어. 제비뽑기하는 날이 되면 아테네는 온통 울음바다가 되었어. 뽑힌 아이들의 부모는 절망의 눈물을, 안 뽑힌 아이들의 부모는 안도의 눈물을 흘렸지. 자식을 괴물의 먹이로 바쳐야 하는 부모의 심정은 찢어질

듯 아팠을 거야.

이 잔인한 관습을 없앤 건 아테네의 영웅 테세우스였어. 테세우스는 열네 명의 소년 소녀 중 한 명으로 위장해 크레타로 갔어. 미노타우로스를 죽이러 간 거였지.

테세우스를 도와준 건 미노스의 딸 아리아드네였어. 테세우스를 멀리서 보고 한눈에 반한 그녀는 나를 찾아와서 미궁의 비밀이 뭔지 물었고, 내게 들은 비밀을 테세우스에게 전했지.

여기서 잠깐 오해를 풀어야 할 게 있는데, 내가 만든 미궁은 길이 하나야. 길이 복잡해서 한번 들어가면 나오지 못하는 '미로'와는 다르다는 말씀! 미궁은 길이 하나기 때문에 미로와 달리 길을 잃을 염려가 없어. 들어간 길을 그대로 따라 나오면 되지. 그런데 흔히 아리아드네가 테세우스에게 실타래를 주어 미궁을 빠져나오게 했다고들 하는데, 그건 미궁을 이해하지 못해서 그런 거야.

테세우스는 미궁 한가운데에 살고 있는 미노타우로스를 죽였어. 이로써 더 이상 아테네의 어린아이들을 희생시킬 필요가 없게 되었지. 테세우스는 아리아드네와 함께 몰래 크레타를 빠져나갔어. 그때 내가 좀 도와주기는 했지.

미노타우로스가 죽고 아리아드네마저 크레타를 떠난 걸 알게 된 미노스는 화산이 폭발한 것처럼 벌컥 화를 냈어. 그럴 만도 하지. 황소 인간인 미노타우로스가 죽었다는 건 그리스 문명의 중심이었던 미노아 문명이 무너지고 아테네 문명이 중심이 되었음을 의미하거든.

미노스는 엉뚱하게도 나에게 화풀이를 했어. 나와 내 아들 이카로스를 미궁에 가두었지. 내가 설계하고 만든 미궁에 내가 갇히고 만 거야. 프랑스에서 단두대인 기요틴을 발명한 기요틴이 단두대 기요틴에서 죽음을 맞이한 것처럼 말이야.

내 자랑은 아니지만 내가 미궁을 워낙 완벽하게 만들어서 나 또한 탈출할 방법이 없었어. 웃어야 할지 울어야 할지…….

그래도 나는 탈출했어. 미궁을 빠져나갈 유일한 길은 하늘이었지. 나는 새들이 떨어뜨린 깃털을 모아 두 쌍의 날개를 만들었어. 그리고 이카로스와 함께 날개를 붙잡고 하늘을 날아 탈출했지.

>>>>> **만능 재주꾼, 다이달로스**

다이달로스라는 이름은 기술이 뛰어난 장인을 가리키는 '명장'이라는 뜻이다. 그는 대장장이의 신 헤파이스토스의 후손이며 아테나 여신에게서 많은 기술을 전수받았다고 전해진다. 예술과 건축, 조각에 뛰어났고, 많은 도구들을 발명했다.

이카로스

>>> **프로필**
특징 이카로스 해의 유래가 됨
출생 다이달로스와 나우크라테의 아들
배우자 없음
자녀 없음

나는 다이달로스의 아들이야. 우리 아버지는 못 만드는 게 없어. 그리스의 위대한 철학자 소크라테스조차 스스로 다이달로스의 후손임을 자랑스럽게 말하고 다닐 정도로 뛰어난 기술자였지.

나는 아버지가 만든 날개로 하늘을 날았어. 아버지는 탈출하기 전에 이런 말을 했어.

"너무 높게 날면 깃털을 이은 밀랍이 녹고, 너무 낮게 날면 바다의 습기 때문에 깃털이 무거워져서 바다로 추락할 거야. 사람은 중용(지나치거나 모자라지 않고 한쪽으로 치우치지도 않은 상태)을 지켜야 한단다."

하늘을 나는 기분은 끝내줬어. 처음에는 좀 무서웠지만 익숙해지니까 마치 새가 된 것처럼 자유롭게 날 수 있었지. 하늘을 나니까 마음도 붕 뜨는 것 같았어. 자꾸만 더 높이 날아오르고 싶었지. 페가소스를 탄 벨레로폰의 기분을 알 것 같았어.

난 아버지의 말을 귀담아듣지 않았어. 높이 날고 싶어서 태양을 향해

날아갔지. 아버지의 고함 소리가 들려왔지만 난 오히려 아버지를 겁쟁이라고 생각했어. 겁이 나서 나처럼 높이 날지 못하는 거라고.

그때 날개 한쪽이 떨어져 나가는 게 보였어. 밀랍이 녹고 있었지. 그제야 아버지의 경고가 생각났지만 한번 떨어지기 시작한 깃털은 멈출 줄 모르고 우수수 떨어져 나갔어. 그러더니 급기야 내 몸도 아래로 떨어지기 시작했지.

깃털로 만든 날개는 순식간에 사라졌고 나는 끝없이 바다로 추락했어. 죽기 직전에 이르러서야 아버지가 한 말이 이해가 갔어. 높지도 낮지도 않게 나는 것이 얼마나 힘들고 또 중요한 일인지 알게 되었지.

그러니까 잘한다고 자만하지 말고 못한다고 기죽을 것 없어. '중용'이 중요하다는 말, 꼭 기억하기 바라.

내가 떨어진 바다는 내 이름을 따서 이카리오스 해라고 불러.

>>>>> **이카로스의 날개**

이카로스의 시신은 다이달로스가 건져 올려 섬에 묻었는데, 나중에 이 섬은 이카로스의 이름을 따서 이카리아 섬으로 불렸다. 중세 시대에는 니카리아라고도 했다. 이카로스 이야기에서 비롯된 '이카로스의 날개'라는 표현은 미지의 세계에 대한 인간의 동경(어떤 것을 간절히 그리워함을 뜻한다.

라다만티스

>>> **프로필**
특징 죽은 뒤 미노스, 아이아코스와 함께 저승의 심판관이 됨
출생 제우스와 에우로페의 아들
배우자 알크메네
자녀 고르티스, 에리트로스 등

난 그리스 신화에 거의 나오지 않아. 알려진 이야기도 별로 없지. 제우스의 아들로 태어났지만 형 미노스의 그늘에 가려서 제대로 빛을 보지 못했어. 다만 죽어서 형과 함께 저승의 판관이 되었다는 이야기만 전해 오지.

내가 오늘 여기 나온 이유는 형 미노스에 대해 이야기하기 위해서야. 형이 자신의 죽음이 창피하다며 나에게 대신 이야기해 달라고 했거든.

미노스는 다이달로스가 미궁에서 탈출하자 거의 실성한 사람처럼 다이달로스를 찾아다녔어. 다이달로스는 바다 건너 시칠리아에 숨었지.

미노스는 궁리 끝에 그리스의 여러 왕들에게 물었어. 소용돌이 모양의 조개껍질에 실을 꿰려면 어떻게 해야 하느냐고. 그런데 이 물음에 답을 한 건 시칠리아의 왕뿐이었어. 그는 조개껍질 끝에 구멍을 내고 개미의 허리에 실을 묶어 지나가게 하면 된다고 대답했지.

미노스는 다이달로스가 시칠리아에 있다는 걸 확신했어. 그런 대답을

할 수 있는 사람은 다이달로스밖에 없으니까.

　미노스는 군대를 이끌고 시칠리아로 쳐들어가 왕에게 다이달로스를 내놓으라고 협박했어. 하지만 시칠리아의 왕은 성 쌓는 일을 잘 해내고 있는 다이달로스를 선뜻 내주기 싫었지. 물론 그렇다고 미노스의 말을 무시할 수도 없었어. 그래서 꾀를 냈지.

　시칠리아의 왕은 다이달로스를 넘겨주겠다고 대답하고는 관례에 따라 목욕을 먼저 하도록 권했어. 안심한 미노스가 목욕탕에 들어가자 다이달로스는 뜨거운 물 대신 끓인 납을 쏟아부었어. 미노스는 그 자리에서 죽고 말았지.

미노스가 죽자 바다에서 대기하고 있던 크레타의 군대가 시칠리아를 공격해 왕을 죽였어. 하지만 다이달로스는 또다시 어딘가로 사라져 버렸지. 크레타의 힘은 급속도로 약해졌어. 그 이야기는 미노스의 딸 파이드라가 들려줄 거야.

〉〉〉〉〉 지혜와 정의의 상징, 라다만티스

라다만티스는 지혜와 정의를 나타내는 인물로 잘 알려져 있다. 그는 그의 형제 미노스, 사르페돈과 함께 크레타의 왕 아스테리오스의 양자가 되었는데, 전하는 이야기에 따르면 아스테리오스가 그에게 왕위를 물려주었다고 한다. 라다만티스는 공정하고 정의롭게 크레타를 다스렸고, 그리스 여러 도시들의 모범이 된 법전을 만들었다.

파이드라

>>> 프로필
특징 크레타의 공주, 영어 이름은 페드라
출생 미노스와 파시파에의 딸
배우자 테세우스
자녀 아카마스, 데모폰

난 미노스의 둘째 딸 파이드라야. 내 이야기를 하기 전에 언니 이야기부터 해야겠어. 나의 언니 아리아드네는 앞에서 본 대로 미노타우로스를 죽이러 온 테세우스를 따라갔어. 핏줄을 나눈 가족인 아버지와 나를 버리고 난생처음 만난 남자를 따라간 거지. 메데이아처럼.

그러나 아리아드네는 도중에 버림을 받았어. 낙소스라는 섬에 들렀을 때 테세우스가 그녀를 그곳에 두고 떠난 거야. 일부러 버린 건지 서로 길이 엇갈린 건지는 잘 모르겠지만 어쨌든 버려진 아리아드네는 절망한 나머지 목을 매 자살했어.

또 다른 전설에 따르면 술의 신 디오니소스의 아내가 되었다고도 해. 낙소스는 디오니소스의 섬이었거든. 어쨌든 나도 언니처럼 목을 매 자살했어. 그 사연은 이래.

아버지가 죽고 오빠가 왕이 되었어. 당시 크레타는 힘이 약해져서 아테네와 동맹을 맺었고 난 그 동맹의 징표로 아테네의 왕 테세우스에게 시집을 가야 했어. 정략결혼이었지. 정략결혼도 싫었지만 무엇보다 테세우스는 언니를 버린 남자잖아. 그래서 난 테세우스를 사랑하지 않았어. 결혼 생활은 무척 불행했지. 그때 내 눈을 사로잡은 사람이 바로 테세우스와 아마존 여왕 사이에서 태어난 히폴리토스였어.

 난 테세우스를 사랑하는 대신 그의 의붓아들인 히폴리토스한테 사랑을 쏟아부었어. 계모라고 해서 다 나쁜 건 아니야. 이렇게 나처럼 의붓아들을 사랑하는 계모도 있으니까. 하지만 히폴리토스는 자기에게 사랑을

쏟는 내가 부담스러웠던 모양이야. 나를 따르지 않고 제멋대로 행동했지. 그의 행동에 참다못한 나는 급기야 테세우스에게 히폴리토스를 못된 아이로 모함했고, 그 말을 들은 테세우스는 히폴리토스를 심하게 꾸짖었어.

화가 난 히폴리토스는 마차를 끌고 해안을 달리다가 말에서 떨어져 말발굽에 밟혀 죽었어. 그 소식을 듣고 얼마나 놀랐는지 몰라. 내 말을 듣지 않아 가벼운 벌을 주려고 한 것뿐인데!

난 죄책감과 절망에 빠져 언니의 뒤를 따르고 말았어. 좀 불쌍하지? 그런데 더욱 슬픈 건 그 뒤로 크레타가 힘을 잃고 몰락했다는 거야. 강력한 힘을 가졌던 아버지(미노스)의 시대가 끝난 거지.

하지만 크레타는 여전히 아름다운 섬이야. 경치도 아주 좋고.

〉〉〉〉 비운의 청년, 히폴리토스

히폴리토스가 파이드라의 사랑을 받은 것은 아프로디테의 복수 때문이었다고 한다. 히폴리토스는 신들 가운데 아르테미스를 숭배하고 아프로디테를 싫어했는데 이에 분노한 아프로디테가 파이드라의 마음을 이용했던 것이다. 히폴리토스가 죽자 아르테미스는 그를 자신의 신전으로 데리고 갔다고 전해진다.

넓고 깊게 신화 읽기

크레타의 미노아 문명

제우스와 에우로페의 아들인 미노스가 세운 미노아 문명은 그리스에 처음으로 나타난 문명입니다. 미노아는 '미노스의' 라는 뜻입니다. 미노아 문명이라는 말은 미노스의 문명이라는 뜻이지요.

미노아 문명은 정확한 연대는 알 수 없지만 대략 기원전 3500년에서 기원전 1500년 사이에 화려한 문명의 꽃을 피웠을 것으로 짐작합니다. 그렇게 보면 미노아 문명은 유럽에서 가장 오래된 문명입니다.

크레타는 당시 그리스에서 최고의 힘을 가진 도시 국가였습니다. 섬이 크고 평야가 많아서 사람들이 모여 살기에 알맞았지요. 크레타는 우리나라의 제주도보다 4.5배 정도 큽니다.

크레타의 옛 지도

크레타에는 여러 개의 궁전이 있었는데 그 중 가장 큰 궁전이 크노소스 궁전입니다. 지금으로부터 4000년 전쯤에 세워진 것으로 짐작하지요. 신화에 나오는 미노타우로스라는 황소 괴물이 살았던 곳도 바로 그곳입니

크노소스 궁전 동쪽에는 왕과 가족이 머무는 방, 서쪽에는 제사 지내는 공간과 야외극장, 서남쪽에는 신전, 북쪽에는 손님을 맞는 방 등이 있었다.

다. 그런데 크노소스 궁전을 보면 궁전 자체가 미궁이 아니었을까 하는 생각이 들 정도로 그 규모가 어마어마합니다. 한쪽 벽면의 길이만 160미터에 이르고, 방도 무려 1,200개 정도 됐을 것으로 보지요.

20세기 들어 에번스라는 고고학자가 크노소스 궁전을 처음 찾아냈습니다. 그로부터 100여 년이 지난 오늘날까지도 여전히 발굴과 보수가 이어지고 있지요.

그러면 크레타의 미노아 문명은 어떻게 몰락했을까요? 황소 괴물이 죽었기 때문일까요? 미노아 문명의 몰락에 대해서는 여러 가지 주장이 있습니다. 기원전 1400년쯤에 그리스의 침략을 받아 멸망했다는 주장도 있고, 화산이 폭발해 멸망했다는 주장도 있습니다. 실제로 기원전 1500년쯤 크레타에 두 차례 대규모 화산 폭발이 있었다는 사실이 밝혀졌습니다. 이를 뒷받침하듯 크노소스 궁전에서 수많은 화산재와 용암이 발견되기도 했지요.

두 주장을 종합하여 화산 폭발 이후 힘이 약해진 크레타가 그리스의 침략에 제대로 손쓰지 못해 무너진 것으로 보는 주장도 있습니다.

>>> 계보에서 찾아보는 등장인물

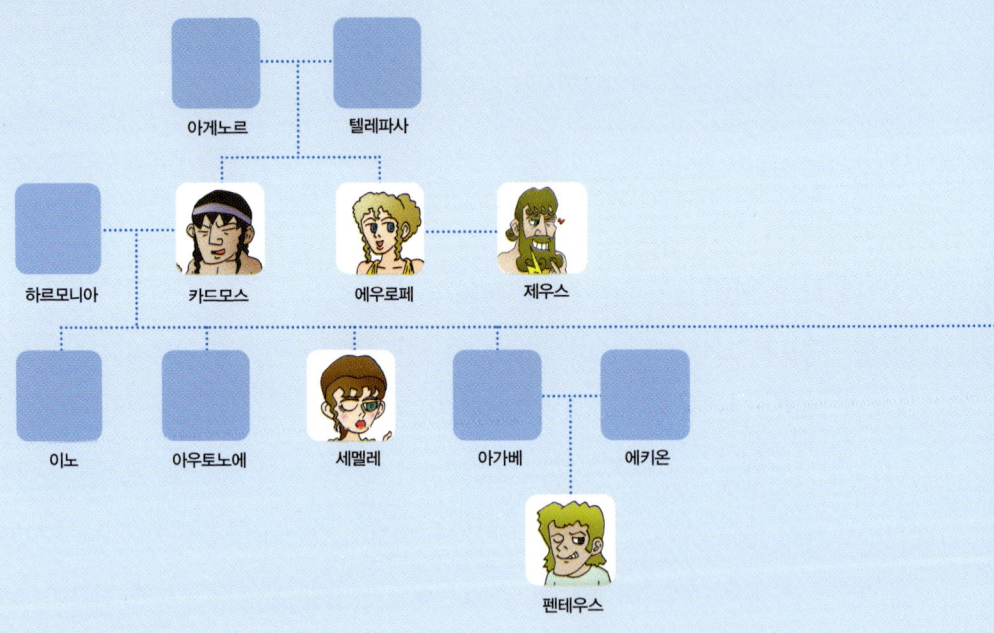

문자의 발명!
테베의 후손들

테베는 행동보다 생각이 많았던 지적인 집안이야.
테베를 세운 카드모스는 알파벳을 발명한 페니키아의 왕자였고
그의 후손 오이디푸스는 다른 영웅들이 몸을 부딪치며 싸운 것과 달리
말 한마디로 괴물을 퇴치했지. 하지만 생각이 많은 만큼 고민도 많아서
비극적인 삶을 살아야 했어. 카드모스부터 만나 보자.

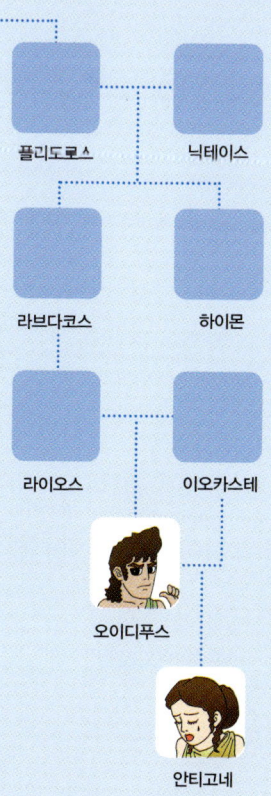

카드모스

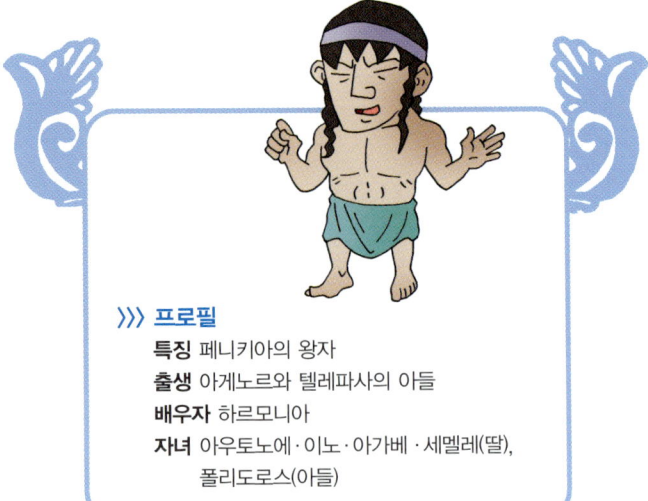

>>> **프로필**
특징 페니키아의 왕자
출생 아게노르와 텔레파사의 아들
배우자 하르모니아
자녀 아우토노에·이노·아가베·세멜레(딸),
폴리도로스(아들)

에우로페가 황소를 타고 사라진 뒤 나라가 발칵 뒤집혔어. 아버지는 하나밖에 없는 귀한 딸이 사라지자 나에게 불같이 화를 냈어.

"에우로페를 찾지 못하면 돌아올 생각도 하지 마라. 너희 엄마도 데리고 가. 다 꼴도 보기 싫으니까!"

페니키아의 왕자이며 장남인 나는 어머니와 함께 왕국에서 쫓겨났어. 하지만 어디 가서 황소를 찾을 것이며 설사 찾는다 하더라도 동생이 살아 있을지 확신할 수가 없었어. 그래도 일단 황소가 갔다는 그리스로 떠났어.

어머니는 집 나온 지 얼마 되지 않아 병에 걸려 세상을 떠나고 말았어. 어머니의 장례를 치른 뒤 난 부하들과 함께 하릴없이 그리스를 헤매고 다녔어. 그때 좋은 생각이 하나 떠올랐어. 바로 신탁이었지.

나는 부하들을 이끌고 곧장 델포이로 가서 동생의 행방에 대해 신탁을 했어. 신탁의 내용은 이랬어.

"에우로페를 찾지 마라. 그녀를 데려간 황소는 제우스니까. 대신 배에 달 무늬가 있는 황소를 찾아라. 그 황소를 뒤따라가다가 황소가 지쳐 쓰러지는 자리에 도시를 건설하라."

황소가 제우스였다니! 제우스에게 대들었다가 혼쭐난 사람들의 이야기를 많이 들었기 때문에 난 동생 찾는 걸 포기했어. 대신 신탁에 따라 배에 달 무늬가 있는 황소를 찾아냈지.

그 황소는 아소포스 강가에 누워 있었어. 나는 황소를 잡아 아테나 여신에게 제사를 지내고 부하들을 시켜 전쟁의 신 아레스의 샘물에서 물을 떠오게 했어.

샘물에는 아레스의 아들인 용이 살고 있었는데, 그 용이 내 부하들을 해쳤어. 나는 화가 나서 단칼에 용을 베어 버렸지. 그때 아테나 여신이 나타나 용의 이빨을 땅에 뿌리라고 했어. 시키는 대로 했지. 그러자 그곳에서 무장한 남자들이 나타났어. 나는 이번에도 아테나가 일러 준 대로 남자들 사이로 돌을 던졌어. 그러자 그들이 서로 싸우기 시작했어. 앞에서 본 이아손은 나를 따라 한 거야.

모두 죽고 다섯 명이 살아남았어. 난 그 다섯 명과 함께 8년 동안 살인에 대한 속죄로 아레스에게 봉사해야 했어.

그 후 나는 아테나의 도움을 받아 그곳에 테베라는 나라를 세웠어. 내 동생 에우로페를 데려간 제우스는 아레스와 아프로디테 사이에서 태어난 하르모니아를 아내로 맞게 해 주었지.

그리스 신화에서 신들이 인간의 결혼식에 참석한 건 딱 두 번뿐이야. 제우스는 자기 때문에 내가 그리스까지 와 나라를 세운 데 대한 보답으로 올림포스 신들을 모두 데리고 내 결혼식에 참석했어.

신들은 우리에게 선물을 하나씩 주었어. 그 중 헤파이스토스가 선물한 옷과 목걸이는 훗날 많은 사람들의 피와 생명을 앗아 갔지. 아마도 내 장인 장모인 아레스와 아프로디테를 싫어해서 그런 선물을 한 것 같아.

신들이 결혼식에 참석한다는 건 행복이 아니라 불행을 뜻해. 신들이 펠레우스와 테티스의 결혼식에 참석하자 그 자리에서 트로이 전쟁의 기운이 싹텄고, 나 역시 참혹한 비극을 겪어야 했어. 자식들이 모두 죽는 끔찍한 불행이었지.

〉〉〉〉〉 불행을 몰고 온 선물

신들이 준 선물 가운데 옷은 아테나가, 목걸이는 헤파이스토스가 주었다고도 하고, 둘 다 카드모스가 하르모니아에게 준 선물이라고도 한다. 아테나와 헤파이스토스가 아레스와 아프로디테의 딸인 하르모니아를 싫어해서 사랑의 묘약을 뿌린 옷을 결혼 선물로 주었고, 훗날 이 약 때문에 카드모스와 하르모니아의 후손들이 독살되었다는 이야기도 전해진다.

세멜레

>>> **프로필**
특징 테베의 공주
출생 카드모스와 하르모니아의 딸
배우자 제우스
자녀 디오니소스

나는 테베의 공주야. 여동생 에우로페를 찾아 그리스에 온 아버지(카드모스) 때문에 그리스에서 태어났지. 난 잘 모르겠는데 남들이 나더러 예쁘다고 하더군.

요즘 누군가 나를 보고 있는 것 같아. 공주병이라고 할지도 모르지만 난 병이 아니라 진짜 공주라고.

아무튼 누가 나를 그렇게 훔쳐보는지 드디어 알아냈어. 바로 신들의 왕 제우스야. 제우스는 밤에 나를 찾아와 날 좋아한다며 고백을 했어. 가슴이 얼마나 두근거렸는지 몰라. 그런데 왜 제우스가 나를 좋아하는 걸까?

우리 고모인 에우로페도 예뻤고 우리 조상 가운데 이오라는 여자도 아주 예뻤다고 들었어. 가만, 그러고 보니 이오도, 고모도 모두 제우스가 좋아했던 여자들이잖아. 오호라, 내가 이오와 에우로페를 닮아서 좋아하는 거로군.

나는 이 일을 유모에게만 털어놓았어. 아버지가 알면 분명 화낼 게 뻔

하거든. 제우스가 에우로페 고모를 그리스로 데려오는 바람에 아버지가 얼마나 고생을 많이 했는데. 거기에 나까지 제우스와 사귄다고 하면 얼마나 속상하겠어.

그런데 유모가 엉뚱한 소리를 하는 거야.

"제우스라고요? 에이, 설마. 거짓말일 거예요."

그 말을 듣고 나니 정말 의심스러워졌어. 그래서 유모에게 물었지.

"어떻게 진짜인지 아닌지 알 수 있어?"

"제우스라면 진짜 모습을 보여 달라고 하세요."

유모의 말이 그럴 듯했어. 그래서 난 제우스에게 부탁이 있다며 꼭 들어달라고 말했어.

"네 말이라면 뭐든 들어주지. 약속하마."

"진짜 모습을 보여 주세요."

내 말이 떨어지기 무섭게 제우스는 당황한 표정을 지으며 그것만은 안 된다고 했어.

"다른 거라면 뭐든 들어주겠다. 하지만 그것만은 안 돼."

그 말이 무슨 뜻인지 알아챘어야 했는데 안타깝게도 그때 난 너무 어렸어.

난 계속해서 고집을 피웠고 제우스는 마지못해 진짜 모습을 드러냈어. 제우스의 모습은 태양과도 같았어. 뜨거운 기운이 나를 감싸더니 급기야 온몸에 불이 붙고 말았어. 결국 난 그 불에 타 죽었어. 나중에 안 사실이지만 나를 부추긴 유모는 헤라였지.

제우스는 내 몸이 타고 남은 재에서 온전한 아이 하나를 들어 올렸어. 술의 신 디오니소스였지.

난 내 아들이 무척 자랑스러워. 그 아이는 제우스의 아들 중에서도 능력이 가장 뛰어난 아이야. 훗날 그 아이가 저승으로 나를 구하러 왔을 땐 정말이지 깊은 감동을 받았어. 그 아이는 나를 저승에서 데리고 나와 신이 되게 해 주었단다.

펜테우스

>>> **프로필**
특징 테베의 왕, 디오니소스의 사촌
출생 에키온과 아가우에의 아들
배우자 없음
자녀 없음

나는 카드모스의 손자야. 할아버지의 뒤를 이어 테베의 왕이 되었어. 카드모스 할아버지는 테베를 떠나는 게 좋겠다는 디오니소스의 충고를 받아들여 결국 테베를 떠났어. 나도 디오니소스의 충고를 받아들였어야 했는데 그러지 못했어.

디오니소스는 내 사촌이야. 난 내 사촌이 신이라는 사실을 믿지도, 인정하지도 않았어. 사촌을 신으로 섬길 수는 없지!

디오니소스는 술의 신이면서 축제의 신이기도 했어. 축제는 마음속에 쌓인 나쁜 감정을 털어 버리기에 딱 좋은 행사지. 술 마시고 노래하고 춤추며 힘든 것들을 싹 날려 버리는 거야. 그 축제를 관장하는 신이 바로 디오니소스지.

그는 사촌인 나에게 자기를 믿고 신으로 받아들이라고 경고했어. 나는 콧방귀를 뀌었지.

"나는 왕이고, 너는 내 사촌이며 내 백성이야. 누가 누구를 숭배하라

는 거야?"

디오니소스는 실망한 표정으로 떠났어. 얼마 후 잘생긴 청년 하나가 나를 찾아왔어. 그러더니 산에 올라가면 여자들이 춤추는 멋진 모습을 볼 수 있다는 거야. 솔깃했지.

산에 올라가 보니 정말로 여자들이 춤을 추고 있었어. 어찌나 아름답던지! 황홀한 표정으로 춤을 구경하고 있는데, 갑자기 여자들이 나에게 달려들기 시작했어. 나를 사자로 착각하고 덤벼든 거였지.

여자들 사이에서 내 어머니 아가베의 모습이 보였어.

"어머니, 살려 주세요."

나는 죽어라 소리쳤어. 하지만 어머니는 분위기에 취해 나를 알아보지 못했어. 나는 그 자리에서 여자들에게 죽음을 당했지. 곰곰이 생각해 보니 나를 찾아왔던 그 잘생긴 청년은 디오니소스였어.

카드모스의 후손들은 대부분 비극적인 죽음을 맞았어. 아르테미스가 목욕하는 모습을 엿보다가 사슴으로 변해 결국 자기 사냥개한테 물려 죽은 악타이온, 기억나지? 그도 내 사촌이야.

오이디푸스

>>> 프로필
특징 코린토스의 왕자
출생 라이오스와 이오카스테의 아들
배우자 이오카스테
자녀 에테오클레스, 폴리네이케스, 안티고네, 이스메네

나는 태어나자마자 버림받았어. 언젠가 나의 아버지 라이오스가 신탁을 했어.

"과거에 저지른 잘못 때문에 너는 아들의 손에 죽게 될 것이다."

이런 신탁이나 예언은 앞에서도 여러 번 나왔지. 크로노스가 갓 태어난 아이들을 삼키고, 제우스가 메티스를 삼키고, 이카리오스가 외동딸 다나에를 청동 탑에 가둔 것도 아들이나 외손자의 손에 죽게 될 거라는 신탁과 예언 때문이었어.

내 아버지도 다르지 않았어. 내가 태어나자마자 나를 죽이려고 했지. 아버지는 내 발꿈치를 뚫은 뒤 목동에게 나를 죽이라고 명령했어. 그러나 목동은 나를 가엽게 여겨 이웃 나라 코린토스의 왕에게 데리고 갔어. 물론 내가 누구의 아들인지는 밝히지 않고.

마침 아들이 없던 코린토스의 왕 폴리보스는 나를 아들로 삼았어. 난 테베의 왕자로 태어났지만 코린토스의 왕자로 자랐지.

폴리보스는 내게 오이디푸스라는 이름을 지어 주었어. 오이디푸스는 '발이 부은 사람'이라는 뜻이야. 친아버지 라이오스가 내 발꿈치를 뚫어서 그런 이름을 얻었지.

나는 다른 아이들처럼 무럭무럭 잘 자랐어. 그런데 청년이 되었을 때 충격적인 말을 들었어. 누군가 술에 취해 무심결에 털어놓은 이야기였는데, 내가 폴리보스의 친아들이 아니라는 거였지. 난 진실을 알고 싶어서 델포이로 달려가 신탁을 했어.

"난 주워 온 아이인가요?"

"너는 아버지를 죽이고 어머니와 결혼할 것이다."

신관들은 내 물음에 엉뚱한 대답을 하더니 욕을 하며 나를 내쫓았어.

"패륜아는 신성한 신전에 머물 수 없다. 썩 꺼져!"

나는 영문도 모른 채 쫓겨났어. 망치로 머리를 얻어맞은 것처럼 혼란스러웠지. 아버지를 죽이고 어머니와 결혼하다니! 난 한동안 멍하니 앉아 있었어.

오랜 고민 끝에 집으로 돌아가지 않기로 결심했어. 아버지를 죽이지 않고 어머니와 결혼하지 않으려면 그들을 안 만나는 게 최선이니까. 나는 코린토스의 반대쪽으로 발걸음을 돌렸어.

도대체 어떤 인간이 자기 아버지를 죽이고 어머니와 결혼한단 말인가? 그런 인간을 과연 인간이라고 할 수 있을까? 내 머릿속은 온통 그런 생각들로 가득했지.

그렇게 고개를 숙인 채 걷고 있는데, 어디선가 고함 소리가 들려왔어. 고개를 들어 보니 마차가 돌진해 오고 있었어. 마부는 내게 채찍질을 하며 비키라고 소리쳤어. 난 화가 나서 마부를 공격했고 곧 싸움으로 번졌어. 난 마부는 물론 마차에 타고 있던 사람들까지 모조리 죽였어. 그중 단 한 사람만 살아서 왔던 길로 도망쳐 갔지.

테베 근처에 다다랐을 때 테베의 왕 라이오스가 스핑크스라는 괴물 때문에 신탁을 하러 가다가 도중에 살해되었다는 말을 들었어.

스핑크스는 지나가는 사람을 붙잡아 문제를 내서 그 사람이 답을 하지 못하면 잡아먹는 무서운 괴물이야. 왕비의 오빠인 크레온은 스핑크스를 물리치는 사람에게 테베의 왕위를 주고 왕비인 이오카스테와 결혼시키겠다고 선포했어.

나는 아버지를 죽이는 것보다 내가 죽는 편이 낫겠다고 생각했어. 그래서 죽을 생각으로 스핑크스를 만나러 갔지. 스핑크스가 물었어.

"목소리는 하나이고, 어떤 때는 두 발, 어떤 때는 세 발, 또 어떤 때는 네 발을 갖고 있는데, 다리의 수가 많을수록 약한 존재는 무엇이냐?"

너무 쉬운 문제였어. 내가 며칠 동안 고민하던 문제였지.

'어떻게 인간이 아버지를 죽이고 어머니와 결혼한단 말인가?'

거기에 답이 있었어.

"인간!"

내가 답을 맞히자 스핑크스는 화를 내며 높은 곳에서 떨어져 스스로

목숨을 끊었어. 나는 말 한마디로 영웅이 되었어. 헤라클레스처럼 괴물을 죽인 것도 아니고 이아손처럼 힘든 모험을 한 것도 아닌데 말이야.

난 어리둥절했어. 얼떨결에 테베의 왕이 되었고 이오카스테 왕비와 결혼했지. 왕비와 나 사이에서 아이들이 몇 명 태어났어. 그런데 세월이 흘러 엄청난 사실이 밝혀졌어. 내가 길에서 우연히 죽인 사람이 내 친아버지 라이오스였고, 이오카스테 왕비가 내 어머니였던 거지.

난 어마어마한 충격에 휩싸였고, 옷핀으로 내 눈을 뽑아 버렸어. 밝은 눈으로는 도저히 세상을 볼 수 없었지. 나는 왕의 자리에서 쫓겨나 평생을 거지로 떠돌아다녔어. 테베를 세운 카드모스처럼.

그렇게 방랑하면서 생각했어. 스핑크스가 낸 문제의 답이었던 인간에 대해 고민했지. "과연 인간은 어떻게 살아야 하는가?" 어쩌면 스핑크스가 낸 문제는 이것이 아니었을까?

테베의 조상 카드모스는 페니키아에서 발명된 알파벳을 그리스에 전했고, 나는 그 알파벳으로 많은 생각들을 발전시켰어.

'인간이란 무엇인가?', '나는 누구인가?' 그리고 '너는 누구인가?'

안티고네

>>> **프로필**
특징 오이디푸스의 방랑길에 동행함
출생 오이디푸스와 이오카스테의 딸
배우자 하이몬
자녀 마이온으로 추정

　나는 오이디푸스의 딸이야. 그런데 어머니 쪽에서 보면 오이디푸스의 여동생이 돼. '나는 누구인가?' 라는 말은 정작 내가 해야 할 말인 것 같은데. 정말 혼란스러워.

　난 불쌍한 오이디푸스가 장님에 거지가 되어 세상을 떠돌 때 그의 손을 잡고 다녔어. 다행히 아테네의 왕 테세우스가 우리를 거둬 주어 오이디푸스가 편하게 눈을 감을 수 있었지.

　비어 있던 테베의 왕위는 오이디푸스의 아들이며 내 오빠들인 폴리네이케스와 에테오클레스가 1년에 한 번씩 번갈아 차지하기로 했어. 그러나 둘 사이에 불화가 생겨서 결국 다툼 끝에 둘 다 죽고 말았지. 그런데 뒤를 이어 왕이 된 크레온(내 어머니의 오빠)은 폴리네이케스와 에테오클레스의 시체를 묻지 말라고 명령했어. 본보기가 필요하다는 게 이유였지.

　나는 그 말을 따를 수 없었어. 나도 오빠들을 좋아하진 않았지만 그래도 죽은 사람을 묻지 않는 건 그 사람에 대한 모독이니까. 나는 시체 위

에 흙을 세 번 뿌리는 의식을 거행했어. 하지만 왕의 명령을 어긴 죄로 지하 감옥에 갇혔어. 크레온은 유일한 오이디푸스의 후손인 나를 없애려고 먹을 것을 주지 않았어. 굶겨 죽일 셈이었지.

테베에는 나를 사랑한 남자가 하나 있었어. 크레온의 아들 하이몬이야. 우리는 오이디푸스의 비밀이 밝혀지기 전에 약혼한 사이였어. 하이몬이 크레온에게 나를 풀어 주라고 애원했지만 크레온은 듣지 않았어.

그 무렵 테베에는 불행한 사건이 잇따라 일어났어. 다들 오이디푸스

의 저주라고 수군거렸지. 크레온이 이리 뛰고 저리 뛰며 해결해 보려고 했지만 상황은 점점 더 악화되었어.

그때 그리스 최고의 장님 예언가 테이레시아스가 테베에 나타났어. 그는 이렇게 말했어.

"죽은 자는 땅속으로, 산 자는 땅 위로. 그렇지 않으면 나쁜 일이 점점 더 많이 생길 거요."

죽은 자를 땅속으로 보내라는 건 오이디푸스의 아들들을 매장하라는 뜻이었고, 산 자를 땅 위로 보내라는 건 나를 지하 감옥에서 내보내라는 뜻이었어. 그 말을 들은 크레온은 하이몬과 함께 지하 감옥에 왔어. 그러나 하이몬은 그 자리에 털썩 주저앉아 울었고, 크레온은 고개를 돌렸어.

왜냐고? 내가 이미 죽은 뒤였거든. 난 굶어 죽기 전에 목을 맸어. 죽음도 전염되는 모양이야. 내 뒤를 이어 하이몬이 스스로 목숨을 끊었고 그 소식을 들은 하이몬의 어머니마저 목숨을 끊었지.

여기까지가 그리스 로마 신화에 나오는 테베 집안의 이야기야.

>>>>> **비극의 주인공, 안티고네**

안티고네 이야기는 소포클레스의 《안티고네》를 비롯한 여러 비극 작품을 통해 전해진다. 안티고네의 죽음은 물론, 그녀와 하이몬의 이루지 못한 사랑 이야기는 비극의 소재가 되기에 충분하다. 그런가 하면 행복한 결말로 끝나는 작품도 있다. 지금은 남아 있지 않은 에우리피데스의 《안티고네》는 두 연인이 함께 테베를 떠나 행복하게 살았다는 이야기로 끝을 맺는다.

넓고 깊게 신화 읽기

그리스의 연극

그리스 신화는 연극으로 많이 상연되었습니다. 그리스 사람들은 운동 경기만큼이나 연극을 좋아했지요. 그리스에서 연극은 주로 야외에서 상연되었습니다. 사람들은 돌로 만든 의자에 앉아 구경했는데, 남녀의 차별은 없었습니다. 연극제가 열리는 시기에는 도시 전체가 축제 분위기에 들떴고, 사람들은 일을 하지 않았습니다. 심지어 감옥에 갇힌 죄수들도 풀려났지요.

그리스의 극장은 매우 컸습니다. 그러다 보니 멀리서 보는 관객은 연극의 분위기를 느끼기 힘들었지요. 배우가 여자인지 남자인지, 기뻐하는지 슬퍼하는지도 알기 어려웠습니다. 그래서 배우들은 뒤에 앉은 관객들도 쉽게 알아볼 수 있도록 가면을 썼습니다. 뿐만 아니라 높은 신발을 신고 소매가 긴 옷을 입어 키와 몸집을 실제보다 커 보이게 했지요. 또한 극장을 잘 설계해서 작은 소리도 뒤까지 잘 전달되게 했습니다.

연극은 슬픈 것을 다루는 비극과 즐거운 것을 다루는 희극으로 나뉩니다. 그리스에서 비극은 3월과 4월 사이에 열리는 디오니소스 축제 때 주로 무대에 올려졌습니다. 현재 남아 있는 비극은 전부 일곱 편뿐입니다. 제목이 전해지는 연극은 수백 편에 이르지만 내용이 완전히 남아 있는 것도 불과 45편뿐이지요.

배우와 합창단은 모두 남자들이 맡았습니다. 비극에서 처음에는 합창단이 모두

디오니소스 극장 그리스 시대에는 연극이 많이 상연되었고, 로마 시대에는 검투장으로 쓰였다. 반원형 모양으로 가운데에 무대가 있고, 관객석은 뒤로 갈수록 높아지는 계단식이다.

열두 명이었는데 나중에 열다섯 명으로 늘어났습니다. 합창단은 중간 중간 피리 반주에 맞춰 노래하고 춤추는 사람들인데, 다른 말로 '코러스'라고 부릅니다.

그리스 말로 비극은 '산양의 노래'라는 뜻입니다. 사람들이 디오니소스에게 산양을 제물로 바친 데서 유래했다는 설도 있고, 연극에서 우승한 사람에게 산양을 상으로 준 데서 유래했다는 주장도 있지요.

혹시 산양의 노래를 들어본 적 있나요? 어찌나 시끄러운지 그 노래를 듣는 것 자체가 엄청난 비극입니다.

도시 국가의 유래!
아테나의 후손들

아테네는 지혜의 여신 아테나의 보호를 받는 도시야. 사실 처음 아테네에
눈독을 들인 건 바다의 신 포세이돈이었어. 아테나도 도전장을 내밀었지.
아테네 시민들은 신의 선물을 보고 선택하기로 결정했어. 아테나가 준 선물은 올리브였어.
아크로폴리스 산에 올리브 나무를 심어 주었지. 포세이돈이 준 선물은
소금물이 나오는 샘물이었어. 사람들은 두 선물 중 올리브 나무를 선택했지.
자, 그럼 아테나의 아들 에릭토니오스에서부터 시작해 볼까?

>>> 계보에서 찾아보는 등장인물

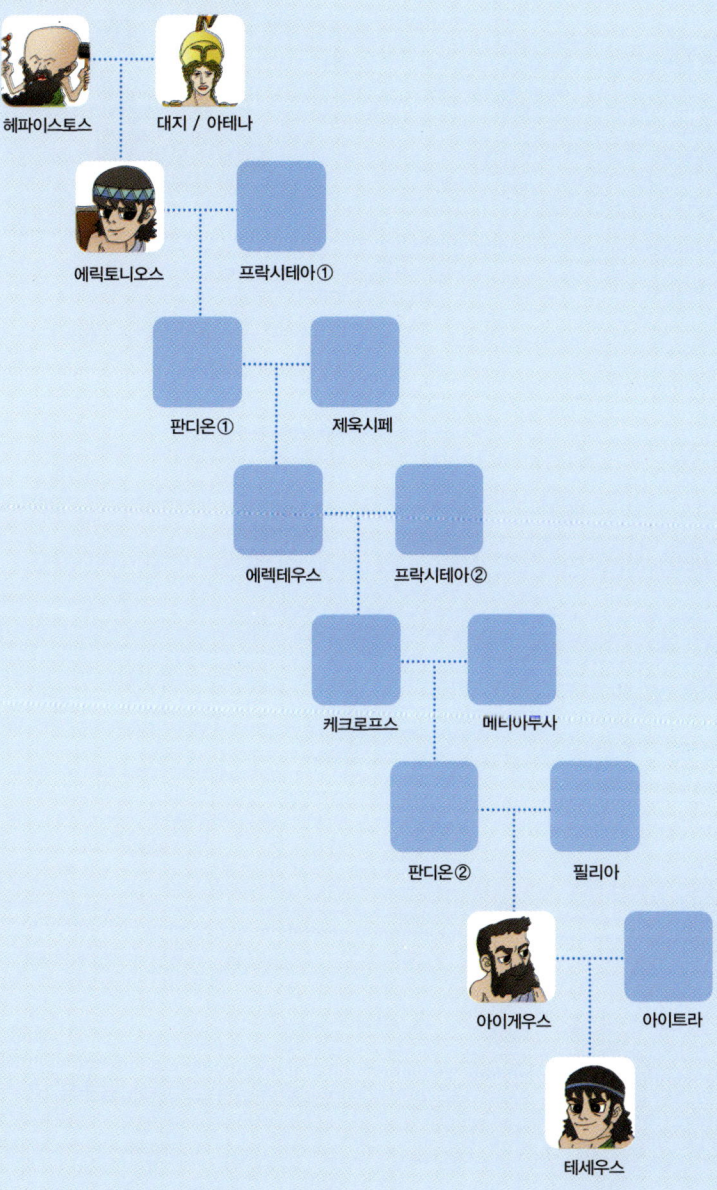

에릭토니오스

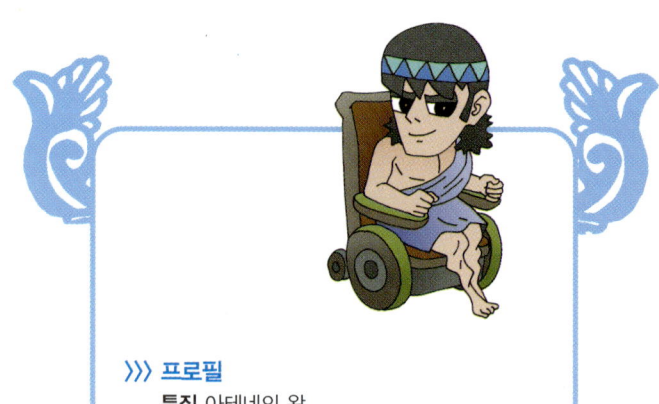

>>> **프로필**
특징 아테네의 왕
출생 헤파이스토스와 대지에서 태어난 아들
배우자 프락시테아
자녀 판디온

나는 아테나의 아들이야. 그런데 참 이상해. 아테나는 한 번도 결혼을 한 적이 없거든. 물론 임신한 적도 없지. 그런데 어떻게 내가 아테나의 아들이 된 걸까? 이제부터 그 비밀을 파헤쳐 보려고 해.

먼저 신들 가운데 몇을 떠올려 보았어. 하지만 아테나 여신을 여자로 좋아한 신은 거의 없어. 아테나는 사냥의 여신 아르테미스와 더불어 결혼하지 않기로 맹세한 데다가, 머리가 좋고 싸움도 잘해서 호락호락하지 않다는 걸 모두 알고 있거든.

그렇다면 아테나를 좋아하는 신은 단 하나뿐! 바로 대장장이의 신 헤파이스토스야. 아테나에게 집적거리는 걸 몇 번 봤거든.

헤파이스토스는 아테나가 태어날 때 산파 역할을 해서 그런지 아테나에게 유난히 관심이 많았어. 그런데 내 예상이 딱 맞았어. 다른 이들에게 물어보니 헤파이스토스가 내 아버지라는 거야.

알고 보니 헤파이스토스의 자식인 나를 아테나가 거두어 양자로 삼은

거였어. 아테나가 갑옷이나 무기를 수리하려고 헤파이스토스의 대장간을 자주 찾았고 그때 갓 태어난 나를 우연히 보고는 데려다 키운 거지.

아테나는 갓난아기를 상자에 담아 케크로프스의 딸들인 판드로소스 자매에게 맡겼어.

"절대로 열어 보면 안 된다."

아테나가 그렇게 경고했는데도 판드로소스 자매 역시 판도라처럼 호기심을 이기지 못하고 상자를 열어 보았어. 거기에는 아기를 돌돌 말고 있는 큰 뱀이 들어 있었어.

상자를 연 자매들은 죽고 말았어. 뱀에게 물려 죽었다는 얘기도 있고, 아테나의 분노를 두려워한 나머지 아크로폴리스에서 뛰어내려 죽었다는 얘기도 있어. 어쨌든 상자를 연 벌로 죽은 거지.

그 이후 아테나가 나를 손수 키웠어. 난 평소에는 아크로폴리스에 있는 아테나 신전에서 자랐어. 때로는 아테나의 딱딱한 갑옷 아래 따뜻한 가슴팍에 파묻혀 잠들기도 했지.

아테나의 갑옷에는 메두사의 목이 장식되어 있었는데 자주 봐서 그런지 무섭진 않았어. 난 오히려 뱀으로 된 머리카락이 좋아. 왜냐고? 내 다리도 뱀처럼 생겼거든.

그래, 난 걷지 못해. 아버지 헤파이스토스는 다리를 절었지만 나는 아예 다리를 쓰지 못해. 하지만 아버지처럼 만들기와 발명에 재주가 있어서 지금의 휠체어 비슷한 것을 만들어 타고 다녔어. 다리가 멀쩡한 사람보다 더 빨리 다닐 수 있었지.

난 어른이 된 다음 아테네 왕을 몰아내고 왕의 자리를 차지했어. 아테나와 헤파이스토스의 아들이니 왕이 될 자격은 충분하다고 봐. 다리가 불편해도 왕이 되는 데에는 아무런 지장이 없다고.

나는 어머니 아테나를 위해 판아테네 축제를 열고 아크로폴리스에 아테나 여신상을 세웠어. 아테나는 아테네의 수호신이니까.

〉〉〉〉〉 에릭토니오스에게 쫓겨난 왕

에릭토니오스가 몰아낸 왕은 암픽티온이었다. 암픽티온은 데우칼리온과 피라의 둘째 아들로 아테네 왕 크라나오스의 딸과 결혼한 뒤 크라나오스를 몰아내고 왕위에 올랐다. 그리고 10년 동안 아테네를 다스리다가 에릭토니오스에게 쫓겨났다. 에릭토니오스는 도시 국가에 아테네라는 이름을 붙이고, 아테나 여신에게 도시를 바친 인물로 전해 온다.

아이게우스

>>> **프로필**
특징 아테네의 왕
출생 판디온과 필리아의 아들
배우자 메타, 칼키오페, 아이트라, 메데이아
자녀 테세우스, 메도스

에릭토니오스가 세상을 떠나고 몇 세대가 지나갔어. 에릭토니오스의 손자인 에렉테우스는 아들을 셋 두었는데 케클로프스, 판도로스, 메티온이었어. 그중 장남인 케클로프스가 왕이 되었지. 그런데 케클로프스의 외아들인 판디온은 메티온 숙부의 아이들에게 쫓겨났어. 난 그 쫓겨난 판디온의 아들이야.

나는 아버지가 세상을 떠난 뒤 군대를 이끌고 아테네로 쳐들어가 메티온의 아이들을 몰아냈어. 그리고 아테네의 왕이 되었지.

그런데 문제가 하나 있었어. 아이가 태어나지 않는 거야. 그러자 메티온의 후손들이 호시탐탐 왕의 자리를 노렸어. 이럴 때 우리가 어떻게 하는지 이제 너희들도 알걸. 그래. 바로 신탁이야.

나는 델포이로 가서 신에게 물었어. 그런데 신들은 이해할 수 없는 말을 했어.

"아테네에 도착할 때까지 술을 마시지 마라."

신탁이 뭐 이래? 돌아오는 길에 피테우스라는 사람의 집에 묵었어. 우린 내가 받은 신탁에 대해 이야기를 나누며 저녁을 먹었지. 피테우스는 내 이야기를 듣더니 뭔가 알았다는 듯이 자꾸만 술을 권했어. 권하는 대로 마시다 보니 완전히 취했지.

아침에 일어나 보니 내 옆에 피테우스의 딸이 누워 있었어. 피테우스가 내게 술을 먹이고 자기 딸과 자게 한 거야.

"혹시 아이가 태어나 자라면 바위 밑에 숨겨 둔 걸 가지고 나에게 오라고 전하시오."

난 큰 바위 밑에 칼과 샌들을 숨겨 놓았어. 그 바위는 아주 무거워서 보통 사람은 들 수 없었지. 그리고 나서 아테네로 돌아왔어.

얼마 후 아르고 원정대에 참가했다가 돌아와 보니 이아손과 결혼했던 메데이아가 찾아왔더라고.

"이아손에게 실망했어요. 당신과 함께 지내고 싶어요."

나는 메데이아와 결혼했고 바라던 아들을 얻었어. 그렇지만 좋은 일만 있었던 건 아니야. 그때 일을 생각하면 지금도 화가 난다니까.

언젠가 판아테네 축제에서 크레타의 왕 미노스의 아들이 우승한 적이 있어. 나는 그에게 마라톤 지역에 나타나는 사나운 황소를 물리쳐 달라고 부탁했지. 그런데 그만 그 아들이 황소에게 물려 죽고 말았어.

화가 난 미노스가 군대를 이끌고 공격해 왔어. 다행히 아테네는 아테나 여신의 보호 아래 있어서 함락되지는 않았어. 하지만 곳곳에 전염병

이 돌기 시작했지. 미노스가 제우스의 아들이었기 때문에 아테나도 개입하기가 곤란했을 거야.

결국 평화 협정을 맺었고 그 대가로 소년 소녀 일곱 명씩을 제물로 바치게 됐던 거야. 부끄럽고 창피한 일이지. 나라의 힘이 약해 생긴 일이지만 한 나라의 왕이 백성을 지키지 못한 건 한심하기 짝이 없는 일이야. 아들아, 날 도와줘!

〉〉〉〉〉 테세우스의 어머니, 아이트라

피테우스의 딸은 아이트라이고 그녀가 낳은 아이는 테세우스이다. 아이트라는 아이게우스가 도착하기 전날, 바다의 신 포세이돈과도 관계를 맺었다. 그렇게 해서 태어났기 때문에 테세우스는 인간의 아들이자 신의 아들로 여겨진다. 아이게우스가 떠난 뒤, 아이트라는 트로이젠에 남아 아들 테세우스를 키웠고, 훗날 그가 죽자 슬픔을 견디지 못해 스스로 목숨을 끊었다고 한다.

테세우스

>>> **프로필**
특징 아테네의 영웅
출생 아이게우스와 아이트라의 아들
배우자 안티오페, 파이드라
자녀 데모폰, 아카마스

나는 트로이젠에서 태어났어. 나는 내가 아버지 없는 자식인 줄 알았어. 아버지가 신이라서 집에 없는 게 아닐까 하고 생각한 적도 있었지.

내가 열다섯 살 되던 해에 어머니는 큰 바위를 가리키며 그 바위를 들어 올려야 아버지를 만날 수 있다고 말해 주었어.

나는 당장 달려가 바위를 번쩍 들어 올렸어. 그런데 거기에 칼과 샌들이 있는 거야. 어머니는 깜짝 놀라며 내 아버지가 아테네의 왕이라고 사실대로 말해 주었어. 나는 허리에 칼을 차고 아버지를 만나러 가기 위해 출발했어.

길은 두 갈래였어. 배를 타고 바다를 건너가는 편안한 길과 걸어서 가는 위험한 길이었지. 나는 잠시 고민하다가 걸어서 가는 위험한 길을 선택했어.

난 어릴 때부터 헤라클레스 이야기를 들으며 자랐어. 언제나 헤라클레스 같은 멋진 영웅이 되고 싶었지. 괴물과 악당을 물리치는 모습, 정말 멋지잖아.

그래서 악당과 괴물이 득시글거리는 위험한 길을 선택했던 거야. 맨 처음 만난 악당은 '곤봉의 사나이(콜리티네스)'라는 뜻을 가진 페리페테스였어. 헤파이스토스의 아들이었지. 그는 길 가는 사람을 곤봉으로 때려죽였어. 나는 그의 곤봉을 빼앗아 그를 때려죽였어. 그 뒤로 곤봉은 나의 사랑스러운 무기가 되었지.

두 번째 만난 악당은 시니스라는 사람이었어. 지나가는 나그네를 불러 두 그루의 나무에 팽팽하게 묶어 찢어 죽이는 잔혹한 놈이었지. 나는 시니스도 똑같은 방법으로 저세상에 보내 버렸어.

세 번째는 스키론이라는 악당이었어. 그는 나그네의 물건을 빼앗고 강제로 자신의 발을 씻기게 했어. 그런데 발을 씻기려고 몸을 구부리면 발로 걷어차서 사람을 잡아먹는 거북들이 사는 절벽 아래로 떨어뜨려 버렸어. 나는 순순히 발을 씻겨 주는 척하다가 스키론의 발을 잡아 절벽 아래로 집어던졌어. 거북들이 모처럼 포식했을 거야.

네 번째는 지나가는 사람에게 억지로 씨름을 하자고 해서 죽이는 케르키온이라는 왕이었어. 왕이라는 사람이 그런 짓을 하다니 한심하기 짝이 없지! 나는 씨름을 해서 그를 죽이고 그 나라의 왕이 되었어.

다섯 번째는 아주 유명한 이야기야. 프로크루스테스라는 악당이 있었거든. 그 악당의 집에는 크고 작은 침대가 두 개 있었는데 나그네가 오면 키 큰 사람은 작은 침대에 재우고 키 작은 사람은 큰 침대에 재웠어. 여

기까지는 그럭저럭 웃으며 지나갈 수 있지. 그런데 밤에 몰래 들어와 침대에 맞게 사람의 키를 늘리거나 줄였어. 침대가 크면 강제로 몸을 늘려서 죽이고 침대가 작으면 몸을 잘라서 죽인 거지. 제멋대로 하는 행동을 '프로크루스테스의 침대'라고 하는데, 바로 여기서 유래한 거야.

지금까지 봐서 알겠지만 나는 상대가 하는 대로 고스란히 되갚아 주는 재주가 있어. 물론 이번에도 그렇게 했지. 프로크루스테스는 키가 무척 컸거든. 그래서 작은 침대에 눕히고 다리를 잘랐어. 그런데도 침대에 안 맞기에 목도 마저 베어 버렸지.

여기까지가 내가 아테네에 도착할 때까지 겪은 일들이야. 이 일들이 소문이 나서 이미 아테네 사람들은 나를 알고 있었어. 벌써 영웅이 된 거시. 왕도 되고 영웅도 되고. 역시 모험은 즐거워.

난 내가 아이게우스 왕의 아들이라는 걸 숨겼어. 왕자로서가 아닌 내 자신의 능력을 인정받고 싶었거든.

아이게우스 왕은 나를 파티에 초대했어. 난 바위 밑에서 꺼낸 아버지의 칼을 차고 파티에 참석했어. 왕은 나를 위해 건배를 들자고 했어. 나는 일어나서 허리에 찼던 칼을 풀어 놓고 술잔을 들어 올렸어. 그때 갑자기 아이게우스 왕의 표정이 변하더니 내 손을 때렸어. 그 때문에 술이 쏟아졌지. 그 순간 파티장을 황급히 빠져나가는 여자의 뒷모습이 보였어. 나는 뭐가 뭔지 몰라 어리둥절했어.

나중에 알고 보니 그 여자는 메데이아였어. 자기 아들을 왕으로 만들기 위해 나를 죽이려고 술에 독을 탄 거지. 난 아버지 덕분에 목숨을 건졌어. 메데이아의 모습은 볼 수 없었어. 고향으로 돌아갔지. 당시 아테네는 메데이아의 아들과 나의 사촌 50여 명이 왕의 자리를 두고 다투고 있었어. 그런 가운데 내가 나타나자 날 경계해 죽이려고 했던 거지.

아버지(아이게우스)는 공식적으로 나를 후계자로 발표했어. 그러자 내 사촌들이 나를 죽이려고 군대를 동원했어. 하지만 그들은 오히려 내게 호되게 당했지.

그 뒤 나는 미노스의 아들을 죽인 황소를 잡아 신들에게 제사 지내고 아테네가 더 부강해지기를 빌었어.

"아니, 그럴 수가!"

나는 제사를 지내다가 매년 미노타우로스의 먹이로 소년 소녀 열네 명이 희생되고 있다는 걸 알았어. 그래서 그 열네 명 속에 끼어 크레타로 가서 미노타우로스를 죽였지. 아테네 시민들은 내게 열광했어. 난 비로소 진정한 영웅이 되었지. 아, 뿌듯해.

물론 그 덕분에 내가 아테네의 왕이 되긴 했지만 기분이 썩 좋진 않았어. 미노타우로스를 죽이고 오는 길에 큰 실수를 저지르고 말았거든. 크레타로 떠나면서 난 아버지에게 약속을 했어. 만약 내가 미노타우로스를 죽이고 무사히 돌아오면 배의 검은 돛을 흰 돛으로 바꾸겠다고 말이야. 그런데 그만 깜빡한 거지.

낙소스에서도 아리아드네를 깜빡 잊고 그냥 왔는데……. 벌써 치매가

왔나? 흰색으로 바뀌지 않은 돛을 본 아버지는 너무 절망해서 그만 바다로 뛰어들어 자살하고 말았어. 그래서 아테네로 돌아온 난 어쩔 수 없이 곧바로 왕위에 올랐지.

그 뒤로 아테네는 그리스의 중심이 되어 크게 발전했어. 많은 사람들이 서양 문명의 기원을 그리스에서 찾는데, 그 중심에는 늘 아테네가 있어. 지금도 그리스의 수도는 아테네란다.

>>>>> 에게 해의 유래

아이게우스가 뛰어든 바다를 '아이게우스의 바다'라고 하며, 오늘날 에게 해로 불린다. 아이게우스가 아테나니케(날개 없는 승리의 여신) 신전이 있는 아크로폴리스 언덕에서 배를 지켜보다가 검은 돛을 보고 절벽 꼭대기에서 뛰어내렸다는 이야기도 있다.

테세우스의 죽음

　아테네의 공식 '국민 영웅'이 된 뒤로 난 나라 안 일보다 나라 밖 일에 더 관심을 많이 가졌어. 칼리돈의 멧돼지 사냥에도 참가했고 아르고 원정대에도 참가했지. 또 오이디푸스를 받아들여 편안하게 살게 해 주었고 그의 딸 안티고네가 위험에 빠졌을 때에도 도움을 주었어.

　나와 마음이 가장 잘 맞는 단짝은 라피테스 족의 왕 페이리토오스였는데, 그가 결혼할 때 결혼식에 참석한 켄타우로스들이 술 취해 난동을 부렸어. 라피테스 족 여자들을 납치하려고 했지. 이 사건은 르네상스 시대 화가들이 즐겨 그렸을 정도로 아주 유명한 사건이야. 이때 나는 페이리토오스의 편을 들어 켄타우로스들을 혼내 주었어. 그 뒤로 죽이 잘 맞아 평생 함께 모험을 즐겼지.

　우리가 함께 한 가장 큰 모험은 너무 위험한 것이었어. 제우스의 딸을 하나씩 납치하기로 했지. 먼저 내가 헬레네를 납치했어. 그런 다음 페이리토오스와 함께 저승으로 갔어. 그는 페르세포네를 납치하려고 했지.

우리는 당당하게 하데스를 찾아갔어. 하데스는 웃으며 말했어.

"우리 영웅들이 무슨 일로 여기까지 오셨나? 힘들게 왔을 테니 일단 앉게."

우리는 하데스가 내준 의자에 앉았어. 그런데 앉자마자 아무것도 생각나지 않는 거야. 망각의 의자였던 거지.

나를 구해 준 건 나의 우상 헤라클레스였어. 그는 의자를 내 몸에서 떼어 냈어. 그런데 이번에는 엉덩이가 의자에 붙어 떨어지지 않는 거야. 헤라클레스는 엉덩이도 내 몸이라는 걸 잊은 듯 무지막지하게 떼어 냈어. 그 때문에 엉덩이 살 일부가 의자에 남았지.

"이제 정신이 좀 드네."

불쌍한 페이리토오스는 아직도 망각의 의자에 앉아 있어. 자기가 누구인지, 왜 거기에 갔는지조차 잊은 채 말이야.

여하튼 내가 이렇게 밖으로 쏘다니는 동안 아테네는 엉망이 되었어. 왕의 자리는 이미 다른 사람에게 넘어갔고 아테네 시민들도 나를 반기지 않았어. 그뿐 아니야. 헬레네의 쌍둥이 형제가 납치된 헬레네를 찾으려고 아테네를 공격하는 바람에 도시 전체가 파괴되었어. 엎친 데 덮친 격으로 내 어머니마저 납치되고 말았지.

저승에서 돌아온 나는 갈 곳을 잃었어. 명색이 '국민 영웅'인데, 갈 곳 없는 나그네 신세가 된 거지. 나는 스키로스 섬으로 갔어. 그곳엔 할아버지가 물려준 땅이 있었거든.

스키로스의 왕은 영웅을 대접할 줄 아는 사람이었어. 그는 나를 위해 파티를 열고 함께 지내자고 말했어. 어찌나 고맙던지.

스키로스의 왕은 며칠 뒤 내 땅을 보여 주겠다며 나를 절벽으로 데리고 올라갔어. 전망 좋은 곳에서 난 앞으로 내가 살 땅을 바라보았지.

"저기부터 저기까지가 당신의 땅입니다. 그러나 지금 당신에겐 무덤 하나 만들 땅이 제일 필요하겠군요."

스키로스 왕은 이렇게 말하더니 나를 밀어 버렸어. "왜? 나는 국민 영웅인데?" 아무래도 내가 부담스러웠던 모양이야. 나를 영웅으로 섬기며 살긴 싫었던 거지. 그렇게 해서 난 얼마 전에 떠나 온 저승으로 다시 돌아갔어.

저승에서 페이리토오스를 만났지만 그는 여전히 날 알아보지 못했어. 잠깐이지만 부럽다는 생각이 들었어. 그동안 악당들과 싸우느라 지쳐서 나도 쉬고 싶었으니까.

〉〉〉〉〉 불행한 죽음을 맞이한 테세우스

테세우스를 절벽에서 민 스키로스의 왕은 리코메데스로, 테세우스와는 친척인 것으로 전해진다. 한편 리코메데스 왕이 테세우스를 죽인 게 아니라 테세우스 자신이 산속을 거닐다가 발을 헛디뎌 죽었다는 이야기도 있다.

넓고 깊게 신화 읽기

아테네의 민주 정치

그리스에서 민주 정치가 발달하게 된 데에는 여러 가지 이유가 있지만 가장 큰 이유는 상업을 통해 많은 사람들이 부자가 되었기 때문입니다. 고대 그리스의 역사에서 보았듯이 처음에는 귀족들이 힘을 독차지했지만 보통 사람들도 힘을 가지면서 그 힘을 조절할 필요가 생겼지요.

민주 정치는 왕이나 귀족이 큰 힘을 갖는 게 아니라 보통 사람들도 힘을 갖는다는 것을 의미합니다. 힘이 한곳으로 모이지 않고 고루 나뉜다는 뜻이지요. 지금 우리가 살고 있는 사회도 민주주의를 바탕으로 삼고 있습니다.

민주 정치를 처음 제안한 사람은 아테네의 솔론이었습니다. 그가 제안한 것을 '솔론의 개혁안'이라고 합니다. 귀족들은 솔론의 제안이 불만스러웠지만 함께 살아가기 위해 받아들여야 했습니다.

기원전 5세기에 이런 민주 정치가 실현되었다는 것은 그만큼 그리스의 문화 의식이 높았음을 뜻합니다. 그중에서도 도시 국가 아테네는 민주 정치의 꽃을 활짝 피운 곳이었습니다. 그것이 아테네를 그리스의 중심으로 만들고 서양 문명의 토대가 되게 한 원동력이었지요.

그러면 아테네에서 민주 정치는 어떻게 이루어졌을까요?

먼저 평의회를 두어 나랏일을 결정했습니다. 평의회의 의원들이 거수(손을 위로

아테나 여신 도시 국가 아테나의 수호신으로, 아테네라는 이름의 유래가 되었다.

들어 올려 찬성과 반대의 뜻을 나타내는 것)를 통해 다수결로 결정했지요. 평의회 의원의 자격은 성인 남자 시민에게만 주어졌으며, 매년 추첨을 통해 선출했습니다. 오늘날로 치면 국회 의원인 셈인데, 지금은 국회 의원을 투표로 선출하지만 당시 평의회 의원은 추첨을 통해 선출했지요.

그런가 하면 혹시라도 권력을 얻은 사람이 왕이나 귀족처럼 권력을 휘두르지 못하게 하고자 '도편 추방법'이라는 제도를 만들었습니다. 도편 추방법은 전체 시민들이 도자기 파편에 위험 인물의 이름을 쓰고, 그중 이름이 가장 많이 나온 사람을 외국으로 추방하는 제도였습니다. 지금은 관리를 뽑기 위해 투표를 하지만, 당시에는 관리를 내쫓기 위해 투표를 했지요.

아테네의 민주 정치는 시민들만 참여할 수 있었습니다. 여자와 노예는 참여할 수 없었지요. 그것이 오늘날 우리의 민주 정치와 가장 큰 차이점입니다.

신화의 끝, 역사의 시작!
트로이와 트로이 전쟁

트로이는 그리스가 아니라 지금의 터키 지방에 자리해 있어.
수많은 그리스 영웅들이 그곳에 모여 전쟁을 벌였고 그곳에서 죽어 갔지.
그런 면에서 트로이는 영웅들의 거대한 묘지라고 할 수 있어.
그런데 이 엄청난 전쟁이 사과 하나 때문에 일어났다는 사실, 알고 있어?

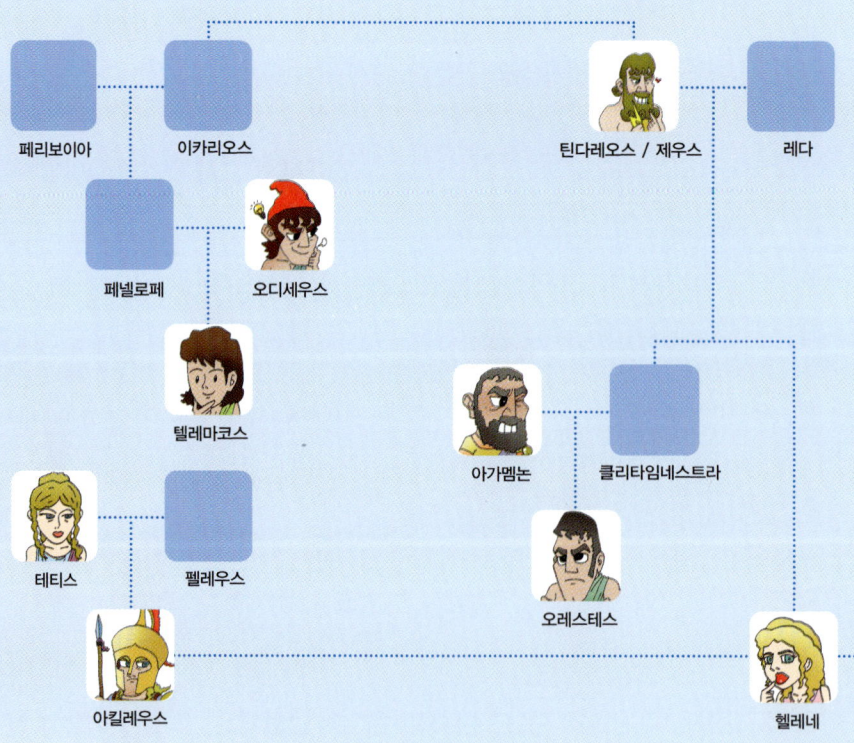

〉〉〉 계보에서 찾아보는 등장인물

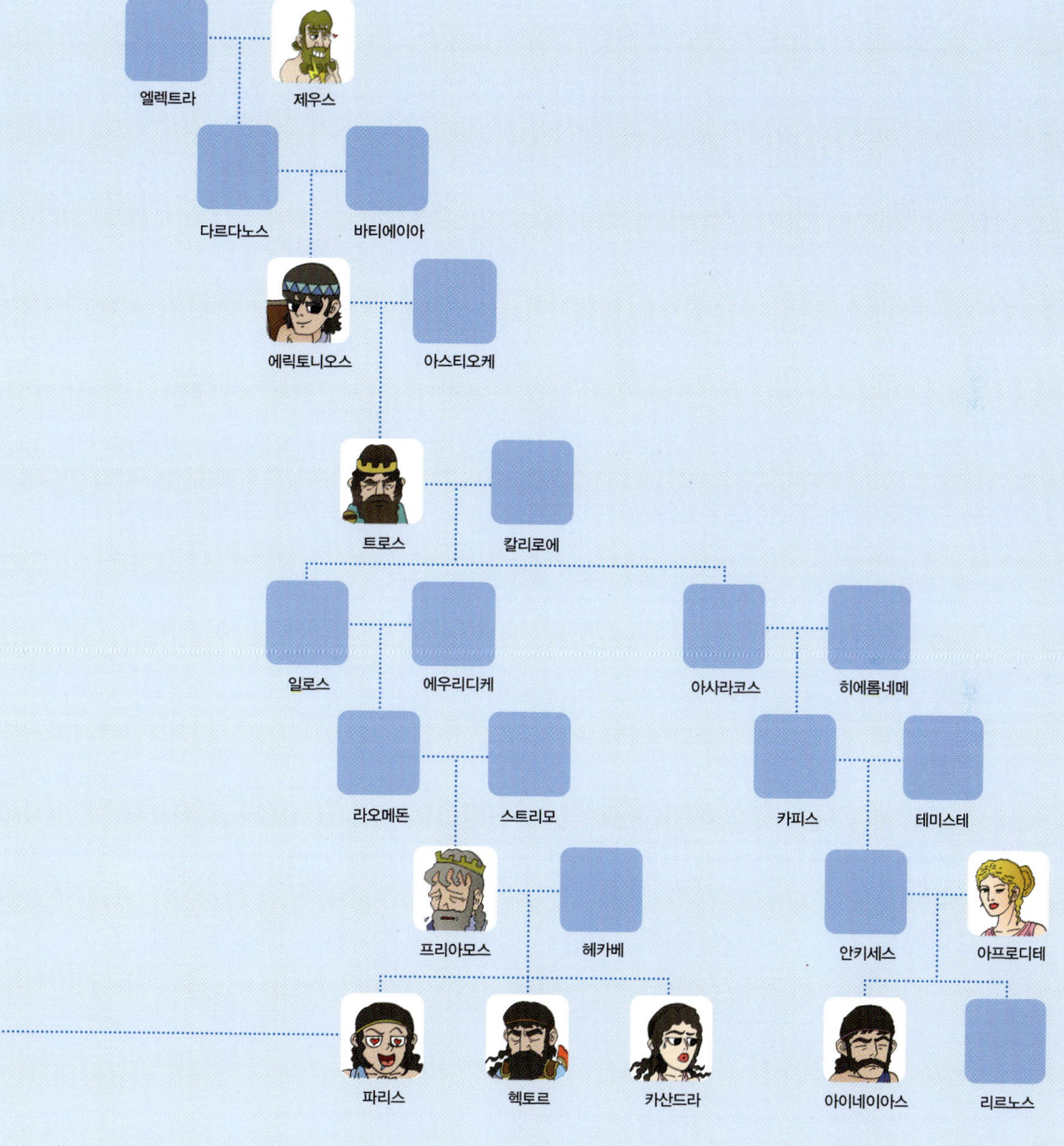

트로스

>>> **프로필**
특징 트로이 국가의 조상
출생 에릭토니오스와 아스티오케의 아들
배우자 칼리로에
자녀 일로스, 가니메데스 등

내 이름은 트로스야. 우리 조상도 그리스 최고의 신 제우스지. 이미 눈치챘겠지만 많은 도시 국가들이 제우스를 조상으로 삼았어. 그러다 보니 제우스는 많은 여자들과 결혼해야 했지.

제우스가 바람둥이로 보이는 건 인간들이 만든 결과이기도 해. 자신들이 위대한 신의 후손임을 알리기 위해 제우스나 다른 신들을 그들의 조상들과 결혼시킨 거지.

아무튼 우리 조상은 아틀라스의 딸 엘렉트라와 제우스 사이에서 태어난 다르다노스야. 다르다노스는 그의 형제 이아시온이 카드모스와 하르모니아의 결혼식에 참석했다가 사소한 실수로 신들에게 죽음을 당하자, 신들에게 실망하여 지금의 터키 지역으로 옮겨 왔어.

거기서 두 아이를 낳았는데 그중 하나가 에렉토니오스였고 나는 그의 아들이야. 트로이라는 나라의 이름은 내 이름에서 딴 거지.

세월이 흘러 내 손자가 왕이 되었어. 라오메돈이야. 헤라클레스의 모

험담에서 만났는데, 기억하지? 신들을 속이고 헤라클레스도 속여서 큰 벌을 받았잖아.

라오메돈의 아들 가운데 아버지의 뒤를 이어 왕이 된 사람은 프리아모스였어. 프리아모스는 아이들을 많이 낳았는데 그중 아들인 헥토르와 파리스, 딸인 카산드라는 꼭 기억해 둬. 자주 만나게 될 테니까.

그건 그렇고 참혹한 트로이 전쟁은 왜 일어났을까? 왜 우리 트로이가 그토록 심한 고통을 당해야 했을까? 그건 아마 신들만이 알겠지.

그래, 트로이는 전쟁에 휘말려 거의 폐허가 되고 말았어. 그리스의 수

많은 영웅들은 한자리에 모여 싸우다 쓰러졌어. 전쟁과 함께 모든 것이 사라지고 그리스 신화도 끝을 맺는 듯했지.

하지만 신화는 끝이 없어. 고통과 고난 뒤에 다시 새로운 시작이 기다리고 있으니까. 나의 후손들이 펼쳐 나갈 위대한 모험이 또 다른 신화가 될 거야.

〉〉〉〉〉 트로이를 세운 트로스의 아들, 일로스

트로스의 아들 일로스는 터키 북부 지역에 도시를 건설했다. 도시를 건설한 데에는 다음과 같은 이야기가 전해 온다. 일로스는 프리기아 왕이 개최한 경기에서 승리해 남녀 50명의 노예를 받았다. 그런데 프리기아 왕은 신탁에 따라 그에게 얼룩소 한 마리를 더 주면서 소가 가다가 멈추는 곳에 도시를 세우라고 일러 주었다. 소는 아테 언덕이라는 곳에서 멈췄고, 일로스는 그곳에 도시를 세웠다. 처음에는 '일로스의 도시'라는 뜻에서 일리온이라 불렀는데, 훗날 일로스가 아버지 트로스의 이름을 따서 트로이라고 이름지었다.

테티스

>>> **프로필**
특징 바다의 여신
출생 네레우스와 도리스의 딸
배우자 펠레우스
자녀 아킬레우스

나는 바다의 여신 테티스야. 남들은 나를 바다에서 가장 아름다운 여신이라고들 해. 물론 대놓고 그러지는 못하지. 바다의 신 포세이돈의 아내 암피트리테는 질투가 아주 심하거든.

에티오피아의 여왕 카시오페이아가 암피트리테한테 자기가 더 예쁘다고 말했다가 본인은 바다에 빠져 죽고 딸은 괴물에게 바쳐졌어. 아직도 하늘에 그 경고가 남아 있는데, 별자리 카시오페이아자리야. 더블유(W)처럼 생긴 별자리 알지?

나도 소문은 들었어. 제우스가 아름다운 여자들을 찾아다닌다는 소문 말이야. 그런데 왜 나한테는 연락이 없을까?

그렇게 의아해하고 있는데 아니나 다를까 제우스가 찾아왔어. 그럼 그렇지. 내가 얼마나 예쁜 여신인데 날 빼놓겠어? 그런데 제우스가 엉뚱한 말을 했어.

"테티스, 넌 인간에게 시집가야 해."

이런 법이 어디 있어? 왜 여신인 내가 인간에게 시집가야 하냐고? 사정을 알고 보니 그건 프로메테우스의 예언 때문이었어. 내가 제우스와 결혼해서 아이를 낳으면 그 아이가 제우스를 몰아내고 신들의 왕이 된다는 예언 말이야.

제우스는 내가 두려웠던 거야. 그래서 자신은커녕 다른 신들하고도 결혼시키지 않으려고 한 거지. 난 조건을 내걸었어.

"내 아이에게 최고의 영광을 주세요."

제우스는 고개를 끄덕이며 말했어.

"당연하지. 나를 닮은 인간인데. 인간의 왕으로 만들어 주겠다."

그렇게 해서 태어난 아이가 너희들도 잘 아는 아킬레우스야. 트로이 전쟁 최고의 영웅이며 가장 아름다운 남자이지.

아차, 내 정신 좀 봐. 아들 자랑하다가 깜빡했네. 내 결혼식 이야기부터 해야 하는데. 인간의 결혼식에 신들이 참석한 적이 딱 두 번 있다고 했지? 하나는 카드모스의 결혼식이고 다른 하나는 나의 결혼식이야.

모든 신들이 내 결혼식에 참석했지. 그런데 단 한 명의 신만 부르지 않았어. 바로 불화의 신이지. 결혼식장에서 말썽만 일으키는 신을 굳이 부를 필요는 없잖아?

결혼식이 끝나고 파티를 하는데, 불화의 신이 나타났어. 그는 의미심장한 미소를 지으며 황금 사과 한 알을 던지더니 사라졌지. 거기에는 이런 말이 적혀 있었어.

"가장 아름다운 여신에게."

순간 그 자리에 있던 모든 여신들의 눈이 반짝 빛났어. 하지만 서로 눈치만 보며 아무도 나서지 않았지.

결국 황금 사과를 차지하기 위해 나선 여신은 세 명이었어. 제우스의 아내 헤라, 미의 여신 아프로디테, 지혜의 여신 아테나였지. 이들이 앞으로 나서자 다른 여신들은 꼬리를 내렸어. 사냥의 여신 아르테미스나 미모를 뽐내던 암피트리테도 뒤로 물러났지. 세 여신의 미모가 워낙 뛰어났으니까.

"제우스, 당신이 이 사과의 주인을 가려 주세요."

헤라가 의기양양하게 말했어. 당연히 아내인 자기에게 줄 거라고 생각한 거지. 하지만 제우스는 머리가 좋은 신이야. 셋 중 한 명을 선택하는 순간 두 명의 여신에게는 시달림을 당할 게 뻔하잖아. 최고 미인의 자존심이 걸린 문제니까 말이야.

"내가 선택하는 건 공정하지 않아. 헤라는 내 아내이고, 아테나는 내 딸이며, 아프로디테는 미의 여신이니까. 그러니 인간에게 그 선택을 맡기도록 하지."

제우스는 양치기 파리스를 심판으로 지목했어. 세 여신은 쏜살같이 파리스에게 날아갔지. 그리고 각각 엄청난 제안을 했어.

헤라는 파리스에게 인간의 왕이 되게 해 주겠다고 했어. 아테나는 전쟁에서 무조건 승리하게 해 주겠다고 했고, 아프로디테는 세상에서 가장

아름다운 여자를 아내로 주겠다고 약속했어.

　너희들이 파리스라면 누구를 선택하겠어? 파리스는 세상에서 가장 아름다운 여자를 주겠다는 약속에 손을 들었어. 그래. 아프로디테를 선택한 거야.

　그런데 결과적으로 보면 실수한 셈이지. 손가락을 들어 하나를 가리킨 순간 나머지 둘은 적이 되었으니까. 게다가 그 적이 바로 헤라와 아테나였으니 실수도 이만저만 큰 실수가 아니었지. 하지만 인간은 늘 실수를 통해 세상을 발전시켜 왔다는 걸 잊으면 안 돼.

　어쨌든 세상에서 가장 아름다운 여자는 제우스의 딸 헬레네였어. 그런데 테세우스가 납치할 때만 해도 열두 살짜리 어린아이였던 헬레네는 이미 어른이 되어 결혼도 하고 자식도 있었어. 그녀의 남편은 스파르타의 왕 메넬라오스였지.

　파리스는 헬레네를 유혹해 가로챘고, 그 때문에 트로이 전쟁이 일어났어. 왜냐하면 파리스는 어릴 때 버려진 트로이의 왕자였거든. 다시 말해서 헤라와 아테나가 중심이 된 그리스 연합군과, 아프로디테와 그녀를 사랑하는 전쟁의 신 아레스가 방어하는 트로이 군대의 전쟁이 시작된 거지.

헬레네

>>> **프로필**
특징 트로이 전쟁의 원인이 됨
출생 제우스와 레다의 딸
　　　(인간 아버지는 틴다레오스)
배우자 메넬라오스, 파리스 등
자녀 헤르미오네 등

　나는 세상에서 가장 아름다운 여자 헬레네야. 트로이 전쟁에서 빠질 수 없는 아주 중요한 사람이지. 트로이 전쟁이 일어난 데에는 여러 가지 이유가 있지만 겉으로 보기에는 나 때문에 일어난 사건이거든.

　트로이 전쟁 때문에 파리스를 나쁘게 보는 사람들이 많은데 사실 파리스는 잘생기고 멋진 남자였어. 그와 나는 행복했지.

　트로이 전쟁은 파리스의 아버지이며 트로이의 왕인 프리아모스의 말처럼 나 때문에 일어난 것도, 파리스 때문에 일어난 것도 아니야. 그보다 훨씬 많은 이유가 있다고. 그걸 찾는 건 너희들의 몫이야.

　앞에서도 말했지만 먼저 내 이야기를 하면 내 고향은 스파르타야. 나는 좀 특별하게 태어났어. 너희도 잘 아는 주몽이나 박혁거세처럼 알에서 태어났지.

　내가 태어나기 전, 나의 어머니 레다가 목욕을 하고 있을 때였어. 어디서 나타났는지 백조 한 마리가 어머니 옆으로 날아왔대. 어머니는 하

얀 털을 가진 백조를 쓰다듬어 주었지. 단지 그뿐이었어. 그런데 열 달 뒤 어머니가 백조 알을 두 개 낳은 거야. 짐작했겠지만 백조는 제우스가 변신한 거였어. 그 알에서 각각 남녀 쌍둥이들이 태어났어.

그 중 남자인 폴리데우케스와 나는 제우스의 자식이었고, 다른 쌍둥이 그러니까 카스토르와 클리타임네스트라는 스파르타의 왕 틴다레오스의 자식이었어.

폴리데우케스는 아르고 원정대에서 만났지? 지나가는 사람과 강제로 권투 시합을 해서 사람을 죽였던 못된 왕을 한 방에 날린 영웅 말이야.

남자들은 서로 죽고 못 사는 사이였지만 여자들 그러니까 나와 클리타임네스트라는 사이가 별로 좋지 않았어. 우리 둘은 정반대의 삶을 살았지.

내가 제우스의 딸인 데다가 워낙 미녀였기 때문에 나와 결혼하고 싶어 하는 남자들이 줄을 섰어. 100명도 넘었지. 대부분 왕이나 왕자였어. 그리스에서 결혼하지 않은 왕과 왕자는 모두 내게 청혼했다고 보면 돼.

하지만 그 때문에 아버지는 고민이 많았어. 그는 파리스보다 머리가 좋았거든. 파리스는 여신들의 제안에 혹해서 덥석 하나를 선택했지만, 아버지는 하나를 선택하면 나머지와 적이 된다는 걸 잘 알고 있었지. 그래서 선뜻 사위를 선택하지 않았어.

이래서 미녀는 괴로워! 황금 사과도 원래 내 것이 됐어야 했는데. 아버지를 졸라 볼까?

아버지의 고민을 해결해 준 건 그리스에서 가장 똑똑하지만 가장 불행했던 영웅 오디세우스였어. 난 이제 파리스와 함께 트로이로 가야 해. 다음 이야기는 오디세우스에게 들어.

오디세우스

》》》 프로필
특징 그리스 로마 신화 최고의 영웅
로마 이름 울릭세스
출생 라에르테스와 안티클레이아의 아들
배우자 페넬로페 등
자녀 텔레마코스, 텔레고노스 등

그래. 난 헬레네 말마따나 가장 똑똑한 사람이야. 지혜의 여신 아테나도 인정했을 정도니까. 하지만 똑똑하다고 해서 다 잘 사는 건 아니더라고. 참 고달팠지. 내 이야기 한번 들어 볼래?

우리 할아버지는 그리스에서 알아주는 도둑에 사기꾼이었어. 속임수라면 따를 사람이 없었지. 그런가 하면 내가 시시포스의 아들이라는 소문도 있었어. 어머니가 결혼하기 전에 시시포스에게 납치당한 적이 있었거든. 너희들도 알겠지만 시시포스는 신을 속일 정도로 머리가 좋고 배짱도 두둑한 사람이었지.

아무튼 난 청년이 되었을 때 결혼할 여자를 찾으러 스파르타로 갔어. 나도 헬레네에게 청혼을 하긴 했지만 난 왕도 왕자도 아니었지. 더군다나 내 마음에 드는 여자는 사실 헬레네가 아니라 헬레네의 사촌 페넬로페였어.

하지만 난 페넬로페와도 결혼할 수 있는 신분이 아니었어. 그녀 역시

왕족이라서 나와 맺어질 가능성은 거의 없었지. 그래서 난 머리를 썼어.

헬레네에게 청혼한 다른 사람들은 헬레네와 그녀의 아버지 틴다레오스에게 선물을 바치며 환심을 사려고 했어. 하지만 세상 일이 다 돈이나 선물로 해결되는 건 아니야.

나는 틴다레오스를 찾아갔어. 물론 빈손으로. 그리고 이렇게 말했지.

"사윗감 고르기 힘드시죠? 잘못 골랐다간 스파르타가 쑥대밭이 될지도 모르니까요."

내가 그의 마음을 읽어 내자 틴다레오스는 깜짝 놀라더군. 그는 내 손을 잡고 물었어.

"좋은 방법이 있나?"

나는 틴다레오스에게 방법을 일러 주었어. 그러면서 내가 페넬로페에게 관심이 있다는 것을 슬쩍 흘렸어. 다음 날 틴다레오스는 청혼자들을 한자리에 불러 놓고 이렇게 말했어.

"만약 헬레네에게 무슨 일이 생기면 헬레네와 그녀의 남편을 보호할 군대를 동원하겠다는 내용에 서약하시오."

내가 일러 준 방법이었어. 그렇게 되면 서로 싸우지도 못하고 스파르타를 공격할 수도 없을 테니까. 청혼자들은 모두 신 앞에서 서약했고 미케네의 메넬라오스가 사위로 뽑혔어.

메넬라오스는 엄청난 부자였어. 헬레네의 자매인 클리타임네스트라가 메넬라오스의 형 아가멤논과 결혼했기 때문에 메넬라오스 역시 헬레네의 상대로 부족함이 없었지.

틴다레오스는 감사의 표시로 조카인 페넬로페와 나의 결혼을 주선해 주었어. 그는 자기 동생에게 나를 영리하고 멋진 사람이라고 소개했어.

그런데 정작 페넬로페의 아버지 이카리오스는 나를 별로 좋아하지 않았어. 딸 가진 부모 입장에서 가난한 사위를 좋아할 리 없긴 하지. 그렇다고 형의 말을 무시할 수도 없었던 터라 이카리오스는 페넬로페에게 이렇게 말했어.

"네가 선택해라. 네 아비인 나와 오디세우스 둘 중 하나를 선택해."

현명한 페넬로페는 나를 선택했어. 나는 페넬로페와 함께 고향으로 돌아갔어. 거기서 농사를 지으며 한가롭게 살 생각이었지. 얼마 후 아들 텔레마코스가 태어났어. 우린 행복했어. 그 일만 없었다면 아마 영원히 행복하게 살았을 거야.

그 일이란 헬레네가 파리스를 따라 트로이로 간 사건이야. 헬레네에게 무슨 일이 생기면 그리스의 왕들이 군대를 동원하기로 한 사실을 기억하지? 난 단지 페넬로페와 결혼하려고 머리를 쓴 것뿐인데, 실제로 그런 일이 일어나고 만 거야.

나는 그 비극적인 전쟁에 휘말리고 싶지 않았어. 그래서 그리스 곳곳에서 군사를 모은다는 소식을 듣고도 묵묵히 농사만 지었지.

그런데 어느 날, 팔라메데스라는 사람이 나를 찾아왔어. 나도 헬레네에게 청혼했던 사람이니 그리스 연합군에 참가해야 된다고 하더군.

나는 미친 척했어. 소금과 모래 섞은 걸 씨앗이라며 밭에 뿌렸어. 그리고 황소의 등에 쟁기를 매고 밭을 갈았어. 그때 팔라메데스는 어린 내 아들 텔레마코스를 황소 앞에 데려다 놓았어.

아들을 죽이고 밭을 갈든지 전쟁에 참가하든지 둘 중 하나를 선택하라는 뜻이었지. 난 소를 멈추고는 아무 말 없이 텔레마코스를 안아 들고 팔라메데스를 노려보았어. 팔라메데스는 웃고 있었지.

난 하는 수 없이 전쟁에 뛰어들었어. 그리고 얼마 후 난 팔라메데스가 적과 내통하고 있다며 고발했어. 팔라메데스의 막사에 몰래 들어가 금을 숨겨 놓고 누명을 씌웠지. 팔라메데스는 사형을 당했어. 팔라메데스는 나를 노려보았고 나는 웃어 주었지.

내 이야기는 무척 길어. 그리스 로마 신화를 정리한 호메로스라는 장님이 내 이야기를 담은 《오디세이아》라는 두꺼운 책을 남겼을 정도야. 아직 할 이야기가 많이 남았지만 여기선 아킬레우스한테 바통을 넘기고 뒤에서 또 들려줄게.

아킬레우스

>>> **프로필**
특징 트로이 전쟁 최고의 영웅,
　　　아킬레스건의 유래
출생 펠레우스와 테티스의 아들
배우자 데이다메이아 등
자녀 네오프톨레모스 등

　나는 트로이 전쟁 최고의 영웅 아킬레우스야. 내가 만일 제우스의 아들로 태어났다면 아마 신들의 왕이 되었을 거야. 그만큼 귀한 몸이지.

　어머니는 나를 불사신으로 만들기 위해 갓 태어난 나를 저승에 있는 강인 스틱스에 거꾸로 넣었어. 그때 어머니가 내 발뒤꿈치를 잡고 있어서 그 부분만 물에 안 젖었지.

　발뒤꿈치에 있는 힘줄을 '아킬레스건'이라고 하는데, 내 이름에서 유래한 거야. 아킬레스는 나의 영어 이름이고 건은 힘줄이라는 뜻이지. 내 몸에서 다른 곳은 칼에 찔리거나 활에 맞아도 끄떡없지만 발뒤꿈치만은 예외야. 스틱스 강의 물에 젖지 않아서 그 부분만 불사의 힘이 생기지 않았거든. 그런 이유로 '아킬레스건'은 치명적인 약점을 뜻하는 말로 쓰여.

　나의 어머니 바다의 신 테티스는 내가 원하는 건 뭐든 들어주었어. 난 헤파이스토스가 만든, 신들만 입는 갑옷도 가지고 있었지.

　그렇다고 해서 내가 마마보이인 건 아니야. 내가 싸움을 얼마나 잘하

는데. 싸움에서 진 적이 단 한 번도 없다고. 잠깐, 엄마가 뭐라고 하네?

"알았어. 그렇게 할게."

엄마가 나더러 여자로 변장하고 숨어 있으래. 엄마는 내가 트로이 전쟁에 나가는 걸 반대했거든. 난 엄마가 시키는 대로 변장하고는 스키로스 섬의 리코메데스 궁전에 가서 숨어 있었어.

그런데 얼마 후 방물장수 한 명이 궁전에 찾아왔어. 보석과 화장품 따위를 파는 남자였어. 궁전의 여자들이 우르르 몰려들어 보석과 화장품을 구경했어. 하지만 전쟁 영웅인 내가 여자들이나 좋아하는 보석과 화장품 따위에 관심 있을 리 없잖아.

그때 밖에서 전쟁을 알리는 나팔 소리가 들려왔어. 나는 재빨리 보석 옆에 놓여 있던 칼을 집어 들었어. 그 순간 방물장수와 눈이 딱 마주쳤지. 그 남자는 나를 보고 웃었어. 나도 멋쩍어서 같이 웃었지. 알고 보니 나팔 소리는 가짜였고 방물장수는 오디세우스였어. 나를 속인 거지.

나는 곧바로 오디세우스를 따라 전쟁에 참가했어. 여자들과 노는 것도 좋았지만 전쟁에 참가하는 것이 더 좋았으니까.

하지만 어머니는 여전히 내가 전쟁에 참가하는 것을 반대했어. 전쟁에 나가지 않으면 편안하게 살다가 늙어서 죽는데, 전쟁에 나가면 영영 돌아오지 못한다는 예언이 있었다고 했지.

"엄마, 미안하지만 이번 한 번만 내 뜻대로 할게."

나는 어머니를 설득했고 어머니는 마지못해 눈물을 흘리며 승낙했어.

그리고 나서 제우스를 만나러 갔어. 내게 인간의 왕이 되는 영광을 달라고 부탁하기 위해서.

호메로스는 《오디세이아》 외에 《일리아스》라는 책도 남겼어. 난 《일리아스》의 주인공이야. 오디세우스가 머리로 싸웠다면 나는 몸으로 싸운 트로이의 영웅이지.

그런데 트로이 전쟁에서 나와 제일 먼저 싸운 건 그리스 연합군의 대장인 아가멤논이었어. 같은 편끼리 싸운 거지. 왜 그랬는지는 밴댕이처럼 속 좁은 아가멤논에게 물어봐.

>>>>> **아킬레우스의 모험담을 널리 알린 《일리아스》**

호메로스가 쓴 《일리아스》와 《오디세이아》에는 트로이가 일리오스로 나오는데, 일리아스는 여기서 유래한 말이다. 《일리아스》는 그리스 연합군이 트로이를 정복하는 이야기를 다룬 서사시로, 이 작품을 통해 아킬레우스의 모험담이 널리 알려졌다.

아가멤논

>>> 프로필
특징 미케네의 왕(아르고스의 왕이라고도 함)
출생 아트레우스와 아에로페의 아들
※ 아버지는 여러 가지 설이 있음
배우자 클리타임네스트라
자녀 엘렉트라, 오레스테스 등

뭐? 내가 밴댕이라고? 인격이 훌륭한 내가 참아야지. 나는 아가멤논이고 미케네의 왕이야. 그리스 연합군의 대장이기도 하지. 내가 대장이 된 건 내 동생 메넬라오스 때문이야. 메넬라오스가 헬레네의 남편이라는 건 알지?

메넬라오스가 할아버지의 장례를 치르고 돌아온 날, 헬레네는 집에 없었어. 못된 파리스의 꾐에 넘어가 트로이로 갔지.

나는 서약에 따라 그리스의 왕들에게 군대를 파견하라고 명령했어. 그렇게 해서 그리스 연합군이 만들어졌지. 여러 왕들 가운데 내가 대장이 되었어. 남들은 동생 덕분에 그렇게 된 줄 알지만 다들 잘못 알고 있는 거야. 내가 인격이 가장 훌륭해서 대장이 된 거라고.

내 아내는 헬레네와 자매인 클리타임네스트라인데, 우리 부부는 사이가 별로 좋지 않았어. 신탁에 따라 트로이 전쟁에서 승리하기 위해 내 딸 이피게네이아를 제물로 바치자 아내는 나를 더욱더 증오했지.

"승리를 위해 제 딸마저 바친 전쟁 미치광이!"

클리타임네스트라는 내가 자기 자매인 헬레네를 좋아해서 전쟁을 일으킨 줄 아는 모양이야. 난 단지 서약을 지키려 했을 뿐인데.

내가 이끄는 그리스 연합군은 트로이를 향해 출발했어. 우리는 트로이 근처에 있는 도시를 공격해 승리했지. 나는 거기서 정말 예쁜 여자를 만났어. 아내와는 전혀 다른 여자였지. 이름은 크리세이스야.

크리세이스는 아폴론 신전을 지키는 사제 크리세스의 딸이었어. 크리세스는 내게 딸을 돌려 달라고 했지만 난 거절했어. 그러자 아폴론이 우리 군대에 전염병을 퍼뜨렸고, 병사들이 하나둘 쓰러지기 시작했어. 난 9일 만에 항복했어. 인간들의 싸움에 신들이 끼어들다니, 좀 비겁한 거 아냐?

"아킬레우스가 차지한 브리세이스라는 여자를 내게 주면 크리세이스를 돌려주겠다."

난 이런 조건을 내걸었어. 명색이 대장인데 손해 보는 일을 할 수는 없잖아. 그런데 어처구니없게도 부하인 아킬레우스가 감히 내게 대드는 거야.

우리는 말다툼을 했어. 난 대장이야. 내가 원하는 건 뭐든지 할 수 있다고. 밴댕이 같은 아킬레우스! 내가 여자를 포기했으면 자기도 포기해야 하는 거 아냐? 결국 아킬레우스가 손을 들었어.

"좋아. 내가 포기하지. 대신 전쟁도 포기하겠어."

아킬레우스가 없으면 승리할 수 없다는 예언이 있지만, 난 눈 하나 깜짝하지 않았어. 크리세이스 대신 브리세이스를 얻었으니까. 그런 눈으로 보지 마. 난 인격이 훌륭한 대장이라니까.

〉〉〉〉〉 클리타임네스트라의 복수

클리타임네스트라는 원래 탄탈로스와 결혼했지만 아가멤논이 그와 자식들을 모두 죽여서 어쩔 수 없이 아가멤돈과 결혼했다고 전해진다. 아가멤논이 그녀의 딸 이피게네이아를 제물로 바치자 그녀는 복수를 결심하고, 트로이 전쟁에서 돌아온 아가멤논을 아이기스토스와 짜고 죽였다. 하지만 결국 둘은 아버지의 원수를 갚으려는 아가멤논의 아들 오레스테스의 손에 죽었다.

프리아모스

>>> **프로필**
특징 트로이의 마지막 왕
출생 라오메돈과 스트리모의 아들
  *어머니 이름은 확실하지 않음
배우자 아리스베, 헤카베 등
자녀 카산드라, 헥토르, 파리스 등

 나는 트로이의 왕이야. 결국 일어날 일이 일어나고 말았어. 파리스가 헬레네를 데리고 트로이에 나타났어. 파리스를 죽이려고 했지만 죽이지 못한 건 그 때문이야.

 헬레네는 생각보다 훨씬 아름다운 여자였어. 우리는 모두 따뜻하게 맞이했지. 일이 이렇게 된 이상 누가 누구를 탓하겠어? 트로이 전쟁은 어느 한 사람의 잘못으로 일어난 일이 아니야. 더 복잡하고 깊은 뜻이 있을 거라고. 아마 신들에게 물어보면 알 수 있겠지. 하지만 신들도 입을 다물고 있어.

 물론 트로이 전쟁으로 인해 사람들이 죽고 다친 건 정말 안타까워. 트로이가 그리스 영웅들의 무덤이 된다는 건 분명 슬픈 일이지. 그럼에도 확실한 건 트로이 전쟁은 오랫동안 준비되어 온 전쟁이지, 헬레네나 파리스 때문에 일어난 전쟁이 아니라는 거야. 어쩌면 트로이는 이미 멸망할 운명을 타고났는지도 몰라. 거기에 헬레네가 불을 붙인 거지.

내 삶을 돌이켜 봐도 그런 느낌이 들어. 내 아버지 라오메돈이 신들을 속여 벌을 받고, 그것도 모자라 나라를 구해 준 헤라클레스까지 속여 멸망의 위기에 처했잖아. 그때 헤라클레스가 내 형제자매를 모두 죽였는데 나와 티토노스만 살아남았어. 티토노스는 그 일이 있기 전에 이미 새벽의 여신에게 납치되어 목숨을 건졌고, 나는 누이 헤시오네가 헤라클레스에게 눈물을 흘리며 빌고 또 빌어서 겨우 목숨을 구했지. 그때 이미 트로이는 멸망 직전까지 갔던 거야.

아, 티토노스 이야기는 너희들도 흥미 있어 할걸? 잘생긴 티토노스는 새벽의 여신 에오스의 사랑을 받았어. 에오스는 티토노스를 영원히 살 수 있게 해 주었는데, 그만 영원한 젊음을 주는 걸 깜빡하고 말았어. 티토노스는 늙어 갔고 완전히 쭈글쭈글해졌지만 죽지는 않았어. 결국 에오스는 껍데기만 남은 가엾은 티토노스를 메뚜기로 변신시켰지.

에오스와 티토노스의 아들이며 에티오피아의 왕이었던 내 조카 아가멤논은 트로이 전쟁에 참가해 큰 공을 세웠어. 그는 헤파이스토스가 만든 갑옷을 입고 수많은 적을 무찔렀어.

아가멤논은 테티스의 아들 아킬레우스와도 맞붙었어. 에오스와 테티스는 제우스에게 서로 자기 아들이 이기게 해 달라고 졸랐지. 제우스가 누구의 손을 들어 주었을까? 그래, 너희들의 짐작대로 아킬레우스야. 인간의 왕인 그를 당해 낼 인간은 없으니까.

새벽의 여신 에오스는 아들의 죽음을 슬퍼했어. 이 이야기에서 유래해 새벽에 맺히는 이슬을 '에오스의 눈물'이라고 하지.

　이처럼 트로이 전쟁은 인간과 신의 눈물과 한숨, 탄식이 가득한 비극이었어. 하지만 뭐든 끝이 나야 새로운 것이 시작되는 법이니 당장은 힘들어도 견뎌야 해. 그래야 대제국의 영광을 이룰 수 있을 테니까.

〉〉〉〉〉 프리아모스의 자식들

프리아모스는 아리스베와 결혼해 아이사코스라는 아들을 낳았다. 그 뒤 헤카베와 결혼했는데, 그 사이에서 유명한 인물들이 많이 태어났다. 먼저 첫째 아들 헥토르와 둘째 아들 파리스가 태어났고 뒤이어 크레우사, 라오디케, 폴릭세네, 카산드라 등의 딸들이 태어났다. 프리아모스는 여러 명의 첩을 거느려서 그들에게서도 자식들을 얻었다. 글라우코스, 리카온, 히포다마스, 폴리메돈, 리시마케, 아리스토데메 등 여러 명의 아들딸이 태어났다.

헥토르

>>> **프로필**
특징 트로이의 왕자
출생 프리아모스와 헤카베의 아들
배우자 안드로마케
자녀 아스티아낙스(스카만드리오스)

나는 트로이의 왕자 헥토르야. 다른 사람들이 파리스와 헬레네를 놓고 뒤에서 수군거리지만 나도 아버지처럼 파리스와 헬레네를 우리 가족으로 생각해. 그리고 난 사랑하는 우리 가족을 지켜 낼 거야.

그리스 연합군에 아킬레우스가 있다면 트로이에는 나 헥토르가 있어. 내가 바로 트로이의 영웅이지.

나는 그리스 연합군에서 아킬레우스가 빠졌다는 걸 알고는 군대를 이끌고 그리스 군대를 공격했어. 아주 거세게 밀어붙였지. 그리스 연합군은 우리가 휘두르는 칼과 창 앞에 수수깡처럼 쓰러졌어. 그들은 거의 허수아비나 다름없었지. 아마 포세이돈이 돕지 않았으면 그리스 연합군은 그날 모두 죽고 말았을걸.

내가 이끄는 트로이 군대는 그리스 군대를 완전히 밀어냈어. 육지에서 밀려난 그리스 군대는 배로 도망쳤고, 포세이돈이 도와줘서 겨우 전멸만 면했지. 나는 소리쳤어.

"아킬레우스, 나와!"

그때 막바지에 몰려 있던 그리스 군대가 갑자기 함성을 질렀어. 미르미돈이라는 군대가 지원군으로 온 거야. 아킬레우스가 자랑하던 미르미돈은 그리스 최강의 군대였는데, 그동안은 전투에 참가하지 않았어.

"저기 아킬레우스다!"

내가 나오라 했다고 진짜 나올 건 또 뭐람. 트로이 군사들은 아킬레우스의 이름만 듣고도 사시나무 떨듯 벌벌 떨었어. 내 손에도 식은땀이 흥

건했지. 하지만 난 트로이 성에 남겨 두고 온 가족들을 떠올렸어.

'난 가족을 지킬 거야.'

그렇게 다시 한 번 다짐하고는 공격 명령을 내렸어. 너희들 사르페돈이라는 이름을 기억해? 그래, 제우스와 에우로페 사이에서 태어난 미노스의 동생 말이야. 사르페돈이 앞장서서 달리기 시작했어. 하지만 곧 아킬레우스가 던진 창에 맞고 쓰러졌어.

그것을 본 군사들은 겁을 집어먹었어. 하지만 난 영웅이야. 뒤로 물러설 순 없지. 나는 창을 들고 아킬레우스를 향해 달려들었어. 내가 던진 창은 아킬레우스의 목에 명중했고 그는 그 자리에 쓰러졌지. 내가 이긴 거야. 난 천천히 다가가 아킬레우스의 갑옷을 벗겼어.

"아니, 이게 뭐야?"

쓰러져 있는 건 아킬레우스가 아니라 그의 친구 파트로클로스였어. 아킬레우스 대신 그의 갑옷을 입고 출전했던 거지.

파트로클로스가 죽었다는 소식이 아킬레우스의 귀에 들어갔어. 아가멤논과 다툰 뒤 전쟁에서 손을 떼겠다고 했던 그는 아끼는 친구의 비보(슬픈 소식)를 듣고 전쟁터로 달려왔어. 그는 테티스가 헤파이스토스에게 부탁하여 새로 만든 황금 갑옷을 입고 있었지. 트로이의 장군들은 나에게 피하라고 충고했어.

"아킬레우스는 불사신이야. 어서 피해."

하지만 난 가족들에게 비겁한 모습을 보이고 싶지 않았어. 우선 트로

이 군대가 모두 성 안으로 들어간 것을 확인한 뒤 아킬레우스와 싸우기 위해 돌아섰어. 그런데 갑자기 공포가 밀려왔어. 나는 전차를 타고 도망치기 시작했어.

나는 도망치고 아킬레우스는 뒤쫓고. 어느새 술래잡기가 되었어. 트로이 성을 몇 바퀴나 돌았는지 몰라. 성 안에서 가족들과 군사들이 안타까워하며 나를 지켜보았어. 그때 전우가 나타났어.

나는 용기를 내서 몸을 돌려 아킬레우스를 향해 창을 던졌어. 그리고 친구에게 창을 빌리려고 돌아보았는데 아뿔싸! 거기엔 아무도 없었어. 깜빡 속은 거야. 전우의 모습으로 나타난 건 바로 지혜의 여신 아테나였지. 비겁한 여신 같으니!

그 순간 아킬레우스가 던진 창이 나를 향해 날아왔고 내 눈은 아내와 아이들이 있는 성으로 향했어.

'아, 가족을 지켜야 하는데.'

아킬레우스는 내 시체를 자기 전차에 매달고 트로이 성 주위를 돌았어. 내 시체는 너덜너덜한 누더기가 되었고 트로이 성은 통곡의 성으로 변했지. 파리스도 울고 헬레네도 울고 아버지도 울었어.

"내 사랑하는 가족들이여. 나를 위해 울지 마라. 너희를 지켜 주지 못해 미안할 뿐이니."

파리스

>>> **프로필**
특징 트로이의 왕자(알렉산드로스라고도 불림)
출생 프리아모스와 헤카베의 아들
배우자 오이노네, 헬레네
자녀 코리토스 등

내가 내린 작은 결정이 이렇게 큰 사건으로 번질 줄은 정말 몰랐어. 난 권력을 잡기도 싫고 다른 사람들과 싸우는 것도 싫었어. 그래서 헤라의 제안처럼 왕이 되기도 싫었고 아테나의 제안처럼 싸움에서 늘 승리하는 사람이 되기도 싫었지.

난 다만 아름다운 아내와 오순도순 이야기 나누며 행복하게 살고 싶었을 뿐이야. 아프로디테의 제안을 선택한 건 그 때문이었지. 그런데 이렇게 참혹한 비극이 일어나다니! 사람들은 트로이 전쟁의 원인으로 나와 헬레네를 꼽지만, 우리는 억울해. 우린 서로 사랑한 죄밖에 없다고.

나는 트로이의 왕자로 태어났지만 오이디푸스처럼 태어나자마자 부모에게서 버림받았어. 그 이유는 어머니가 꾼 꿈 때문이었지.

어머니는 내가 태어났을 때 꿈에서 도시를 불태우는 나무를 보았어. 그녀는 신탁의 예언에 따라 나를 죽이려고 산에 내다 버렸지. 아마 그 나무를 나라고 생각했던 모양인데, 그건 틀린 생각이었어. 나중에 알게 되겠지만 그 나무는 거대한 목마였지.

그렇게 버려졌지만 난 죽지 않았어. 곰의 젖을 먹으며 살아남았지. 그리고 커서 양치기가 되었어. 제우스가 나를 심판관으로 정했을 때 난 산에서 양 떼와 함께 있었어.

내 출생의 비밀을 안 지는 오래되지 않았어. 한번은 트로이의 왕 프리아모스, 그러니까 나의 아버지가 축제에 쓸 황소를 구하려고 내가 있는 산으로 부하들을 보냈어. 그들은 내가 아끼는 황소를 선택했지. 어쩔 수 없이 황소를 내주었지만 그것을 다시 돌려받기 위해 축제의 경기에 참가했어. 나는 경기에서 우승했고 황소를 돌려받았지.

그런데 트로이의 왕자인 데이포보스, 그러니까 내 동생이 질투를 느꼈는지 칼을 뽑아 들고 덤볐어. 그러자 트로이의 공주 카산드라가 내 진짜 정체를 밝혔어. 카산드라는 아폴론에게서 예언의 힘을 얻었거든.

하지만 나는 트로이 궁전에 남지 않고 황소를 데리고 산으로 돌아갔어. 산에는 나를 기다리는 아내와 친구들, 양 떼가 있으니까.

아마 제우스가 나를 심판관으로 선택하지 않았다면 난 그렇게 평생 산에서 행복하게 살았을 거야. 그런데 제우스가 나를 심판관으로 선택했고, 나는 아프로디테를 지목했어.

난 산에 있는 아내를 버리고 트로이로 갔어. 아버지(프리아모스)는 아프로디테의 지시에 따라 나를 헬레네가 있는 스파르타에 사신(나라의 명을 받아 외국에 사절로 가는 신하) 자격으로 보냈어.

헬레네의 남편 메넬라오스는 좋은 사람이었어. 앞으로 일어날 일은 전혀 알지 못한 채 나를 극진히 대접했지. 며칠 후 메넬라오스는 할아버지의 장례를 치르기 위해 집을 비웠고 나와 헬레네는 몰래 스파르타를 떠나 트로이로 돌아갔어.

헬레네는 딸과 남편을 버리고 나를 따라나섰어. 아프로디테가 준 마법의 띠가 효과를 발휘했지. 사랑에 빠지게 만드는 마법의 띠는 제우스도 견디지 못할 만큼 강력했거든.

사실 나는 전쟁이 싫어. 싸우는 것도 싫고. 그러나 전쟁이 일어났으니 어쩔 수 없이 싸워야 했어. 난 전투에는 거의 나가지 않았지만 딱 한 번 적의 장수를 죽인 적이 있어. 그 장수의 이름은 바로 아킬레우스야.

아킬레우스는 우리 군대를 거침없이 몰아붙였어. 그 기세에 트로이의 영웅 헥토르마저 쓰러지고 말았지. 우리를 도우러 온 군대 중에는 아마존의 여왕이 이끄는 군대가 있었어. 그 군대 역시 용감하게 싸웠지만 아킬레우스를 당해 낼 수는 없었지.

그런데 아킬레우스는 아마존의 여왕을 죽인 걸 후회했어. 그녀는 무척 아름다웠거든. 그 모습을 본 그리스의 한 장군이 적을 사랑한다며 비웃었고 화가 난 아킬레우스는 그 장군을 죽였어. 아군을 죽인 거지.

아킬레우스는 그 벌로 아폴론과 아르테미스 그리고 그녀의 어머니 레토에게 죄를 빌어야 했어. 그때 아폴론의 목소리가 들려왔어.

"아킬레우스를 죽일 기회가 왔다. 내가 도와줄 테니, 활을 쏘아라."

나는 몰래 아폴론 신전으로 갔어. 거기서 무릎 꿇고 참회의 기도를 하고 있는 아킬레우스의 뒷모습을 보았지. 나는 활을 쏘았고 화살은 정확히 '아킬레스건'에 맞았어. 아킬레우스의 유일한 약점 말이야.

내 활 솜씨가 좋았던 건 아니야. 궁술의 신 아폴론이 도와주어서 가능했지. 난 아폴론이 우리 편인 줄 알았어. 그런데 아킬레우스가 죽자 아폴론은 물론이고 수많은 신과 인간들이 그의 죽음을 애도했어. 나에 대해선 뒤에서 활을 쏜 비겁한 인간이라는 비난이 쏟아졌지.

신들은 급기야 트로이를 멸망시켜야 한다는 말까지 하기 시작했어. 알고 보니 아폴론이 아킬레우스를 미끼로 쓴 거였지. 이제 트로이의 멸망이 얼마 남지 않았어. 그리고 난 멸망을 보지 못하고 죽어. 나도 화살을 맞거든.

트로이 전쟁은 무려 20년 동안 계속되었어. 언뜻 이해하기 힘들겠지만 나는 그 기간이 가장 행복했어. 트로이 전쟁이 일어난 20년 세월에서 1년을 뺀 19년을 쭉 헬레네와 함께 살았으니까. 이제 숨 쉬기가 힘들어. 헥토르를 만나러 저세상으로 가야겠어.

제우스

오랜만이군. 내가 다시 등장한 건 트로이 전쟁 때문이야. 너희들이 궁금해하는 게 많을 것 같아서 설명해 주려고 나왔어.

먼저 트로이 전쟁이 신들의 음모에서 비롯됐다는 말이 있는데 전혀 그렇지 않아. 너희들도 알겠지만 인간 세상에는 신들의 자식들이 많잖아. 그러다 보니 트로이 전쟁이 일어났을 때에도 많은 신들이 자기 자식들을 돕겠다며 지상으로 내려갔어.

난 그래선 안 된다고 생각했어. 그래서 모든 신들을 올림포스로 불러 올렸지. 그리고 이렇게 말했어.

"어떤 경우에도 신들이 인간의 전쟁에 개입해서는 안 된다."

그리고 내가 모범을 보였어. 내 사랑하는 아들 사르페돈이 죽도록 내버려 두었지. 그러자 신들도 차차 내 말을 듣기 시작했어.

하지만 몇몇 신들, 예를 들면 헤라나 아테나는 그러지 않았어. 트로이, 특히 파리스에게 불만이 많았던 헤라와 아테나는 틈만 나면 그리스

편을 들었지. 정말 골치 아파. 헤라나 아테나는 내가 말한다고 해서 들을 신들도 아니니까.

여하튼 대부분의 신들은 트로이 전쟁에 뛰어들지 않았어. 물론 나는 예외지. 난 신들의 왕이니까. 나는 아킬레우스를 최고의 영웅으로 만들어 주고 싶었어. 그 이유는 너희도 잘 알 거야.

최고의 영웅은 가장 어려운 상황을 해결할 때 가장 빛을 발하지. 그래서 처음에는 그리스 군대가 처참하게 깨지도록 내버려 두었어. 그때 아킬레우스가 짠 하고 나타나 해결하게 하려고. 호메로스가 내 생각을 읽었는지 《일리아스》에 잘 써 놓았더군.

솔직히 고백하면 트로이 전쟁을 일으킨 건 인간이지만 내가 옆에서 부채질을 좀 했어. 대표적인 예가 헬레네야. 내가 왜 백조로까지 변신해서 헬레네를 세상에 태어나게 했겠어? 헬레네 때문에 싸우라는 뜻이었지.

그럼 왜 트로이 전쟁이 일어나게 했냐고? 프로메테우스 삼촌 이래로 인간들은 신에게 너무 의지하며 살았어. 자기 힘으로 해결할 생각은 하지 않고 걸핏하면 신탁을 하고 신전에 찾아와 이것저것 해 달라고 졸라 댔지. 그래서 인간들 스스로의 힘으로 살아 보라고 그렇게 한 거야.

이렇게 말하고 보니 신들의 음모는 아니지만 신의 음모는 맞군. 물론 그 신은 나지. 이제 너희들끼리 잘 살아 봐. 만일 예전처럼 나쁜 사람들이 많아지면 다시 대홍수를 일으킬지도 몰라.

카산드라

>>> **프로필**
특징 여자 예언자(알렉산드라로 불림)
출생 프리아모스와 헤카베의 딸
배우자 아가멤논

웃기는군! 나는 신들을 믿지 않아. 신들의 존재를 믿지 않는다는 뜻이 아니라 신들의 말과 행동을 믿지 않는다는 뜻이야. 아주 비겁하고 치사하고 의리 없는 게 신들이거든.

트로이의 아리따운 공주인 나에게 어느 날 태양의 신 아폴론이 찾아와 나를 좋아한다고 말했어.

"내 사랑을 받아 주면 너에게 예언 능력을 주겠다."

나는 생각해 보겠다고 대답했지. 곰곰이 생각해 보니 아폴론의 말은 틀렸어. 사랑은 헥토르 오빠처럼 아낌없이 주는 건데 조건을 붙이다니 말이야.

난 아폴론에게 사랑을 받아들일 수 없다고 대답했어. 그런데 웃기는 건 아폴론이 내가 자신의 사랑을 받아 줄 거라 믿고 벌써 나에게 예언 능력을 줘 버렸다는 거야.

"난 예언 능력이 필요 없으니 도로 가져가세요."

아폴론은 화를 내며 한번 준 건 다시 가져갈 수 없다고 말했어. 이렇게 해서 나는 원치도 않는 능력을 갖게 되었지. 그런데 더 웃기는 건 아폴론이 자기가 손해 봤다고 생각했는지 내 예언을 아무도 믿지 못하도록 예언 능력에서 설득력을 빼앗아 버렸어. 내가 옳은 예언을 해도 아무도 믿지 않게 만든 거지. 치사한 신 같으니라고. 그냥 없애든지 아니면 다 주든지 할 것이지. 아무튼 신들과 친해져서 좋을 건 하나도 없다니까!

헥토르 오빠가 죽은 뒤 우리는 성문을 굳게 닫아걸었어. 저쪽도 아킬레우스가 죽자 조용했지.

얼마 뒤 그리스 연합군이 트로이에서 물러간다는 소문이 퍼지기 시작했어. 난 그 말이 거짓이라는 걸 알았어. 하지만 아무도 내 말을 믿지 않았지. 그리고 정말로 그리스 연합군이 물러갔어. 그들이 떠난 곳에는 큰 목마 하나만 덩그러니 남아 있었지. 목마에는 이런 글이 적혀 있었어.

"고향으로 돌아가며 감사의 선물로 아테나 여신에게 이 목마를 바친다."

우리에게 사로잡힌 그리스 병사는 그리스 연합군이 무사히 돌아가기를 기원하며 목마를 만들었다고 말했어.

"거짓말이야! 목마 안에는 사람이 들어 있어! 칼을 들고 우리를 죽이려 한다고! 절대로 목마를 성 안으로 들이면 안 돼!"

나도 모르게 소리쳤어. 목마에서 피가 보였거든. 때마침 다른 예언자인 라오콘도 목마에 속으면 안 된다고 예언했어. 그러자 바다에서 커다란 뱀이 나타나 라오콘의 목을 졸라 죽였어. 포세이돈이 라오콘의 입을

막기 위해 보낸 거지.

사람들은 신이 노했다고 생각하여 목마를 트로이 성 안으로 들여왔어. 그리고 승리를 자축하는 축제를 열었지. 나는 계속해서 소리쳤지만 여전히 아무도 믿지 않았어.

트로이 사람들이 술에 취해 쓰러지자 목마의 문이 열렸어. 오디세우스와 메넬라오스를 비롯한 그리스의 영웅들이 쏟아져 나왔고 멀리 떠난 줄 알았던 그리스 연합군이 열린 성문으로 물밀듯이 밀려 들어왔어.

그날 밤 트로이는 불탔고 20년이나 계속된 트로이 전쟁은 드디어 끝이 났어. 많은 사람들이 죽었어. 왕족과 장군들 중에서 살아남은 사람은 안키세스와 그의 아들 아이네이아스 그리고 나와 헬레네뿐이었어.

안키세스와 아이네이아스 부자는 그리스 연합군도 존경했던 훌륭한 사람들이라서 살아남았지.

헬레네는 전 남편인 메넬라오스를 따라갔어. 그녀는 메넬라오스보다 오래 살았어. 그러나 메넬라오스가 죽고 난 뒤 아들들한테서 쫓겨났어. 그 뒤 여기저기 떠돌다가 트로이 전쟁으로 남편을 잃은 그리스 여자들에게 죽음을 당했다고 해.

나는 아가멤논의 포로가 되었어. 난 아가멤논에게 말했어.

"당신은 집으로 돌아가면 죽어요. 당신 집안에 저주가 내렸어요."

아가멤논이 내 말을 들을 리가 없지. 내 예언엔 설득력이 없으니까.

오레스테스

>>> **프로필**
특징 아르고스와 스파르타의 왕
출생 아가멤논과 클리타임네스트라의 아들
배우자 헤르미오네
자녀 티사메노스

나는 아가멤논의 아들이야. 그리스 연합군의 대장이었던 아버지는 아마 트로이에서 죽었다면 명예를 지켰을지도 몰라. 좀 부끄러운 우리 집안 이야기를 해야겠어.

그리스 연합군은 트로이에서도 그랬지만 돌아오는 과정도 순탄치 않았어. 배가 부서지기도 했고, 아킬레우스의 아들처럼 고향으로 돌아가지 않고 도중에 눌러앉은 경우도 있었지.

테세우스의 아들 데모폰은 도중에 들른 어느 나라에서 그 나라 공주와 결혼했어. 하지만 공주를 뿌리치고 고향으로 돌아갔다가 저주에 걸려 죽었지. 그런가 하면 그리스의 장군 아이아스는 아테나에게 잘못을 저질러 고향으로 돌아오지 못했어.

삼촌인 메넬라오스는 아버지와 다투고 따로 출항했다가 풍랑을 만나 많은 배를 잃고, 이집트에 도착했다가 겨우 돌아왔어. 다행히 아버지는 테티스의 권유로 출항을 미루는 바람에 목숨을 건졌지. 그러나 아버지는 집에 돌아온 날 살해되었어.

　어머니는 아버지가 누나 이피게네이아를 제물로 바친 뒤 아버지에게 완전히 실망했어.

　그 뒤 20년 동안 아이기스토스라는 남자가 어머니의 마음을 달래 주었지. 아이기스토스는 아버지에게 원한을 품은 사람으로 복수를 위해 어머니에게 접근했던 거야.

　아버지는 미케네로 돌아온 날 목욕탕에서 아이기스토스와 어머니에게 살해되었어. 함께 왔던 불쌍한 카산드라도 아이기스토스의 칼날을 피하지 못했지.

　아이기스토스는 훗날을 위해 아가멤논의 자식들을 모두 죽이려 했지만 이미 시집간 누나 엘렉트라가 눈치를 채고 나를 빼돌렸어. 난 내가 어떻게 해야 하는지 신들에게 물었어.

　"너는 아버지의 원수를 갚아야 한다. 어머니라고 해서 봐주면 안 된다."

　나는 신탁에 따라 어머니와 아이기스토스를 죽였어. 오이디푸스와 비슷한 운명에 처한 거지.

　나는 살인죄로 법정에 섰어. 하지만 아테나 여신이 주재하는 법정에서 그녀의 도움으로 무죄를 선고받았지.

　비록 무죄로 풀려났지만 복수의 여신들로부터는 벗어날 수 없었어. 그녀들은 특히 친어머니를 죽인 사람을 절대 용서하지 않거든. 그들은

늘 나를 따라다니며 내가 얼마나 나쁜 사람인지 내 귀에다 대고 떠들었어. 정말 미칠 것 같았어.

나는 정신없이 세상을 떠돌아다녔어. 어머니를 죽였다는 죄책감에서 벗어날 수가 없었어. 그게 복수의 여신들이 내게 내린 형벌이었지. 나는 결국 뱀에게 물려 죽었어.

뱀은 봄이 오면 허물을 벗잖아? 그렇듯이 트로이 전쟁이 끝난 세상에 새봄이 오고, 나와 우리 집안에 내린 저주도 끝나길 바라.

그건 그렇고 나처럼 세상을 떠돌아다녀야 했던 사람이 또 있어. 두 명이야. 한 명은 트로이 전쟁이 끝난 뒤 고향으로 돌아가지 못한 채 바다를 떠돌아야 했던 오디세우스고, 다른 한 명은 트로이가 멸망한 뒤 살 곳을 찾아 떠돌아야 했던 아이네이아스지.

>>>>> **복수의 여신들**

티시포네, 알렉토, 메가이라 세 여신을 가리킨다. 이들 각각을 에리니스라 하고 셋을 통틀어 에리니에스라고 한다. 에리니에스는 '너그러운 여인들'이라는 뜻인데, 사람들은 행여 나쁜 이름으로 불렀다가 화를 당할까 두려워 그런 이름으로 불렀다. 이들은 날개가 달리고 머리에 뱀이 뒤엉켜 있으며 손에는 횃불이나 채찍을 든 모습으로 그려지는데, 희생자를 잡으면 온갖 방법으로 고문하여 미치게 만들었다고 한다.

오디세우스의 귀환

>>> 귀환 경로

이스마로스 시 ⇨ 로토파고이 족의 섬 ⇨ 거인 폴리페모스가 사는 섬 ⇨ 아이올리아 섬 ⇨ 라이스트리곤 족의 땅 ⇨ 아이아이에 섬 ⇨ 세이렌 자매들이 사는 섬 ⇨ 트리나키아 섬 ⇨ 칼립소가 사는 오기기아 섬 ⇨ 파이아케스 족의 섬 ⇨ 이타케 섬(고향)

다시 만났네. 아킬레우스와 헥토르가 죽고 난 뒤 트로이 전쟁은 끝날 기미가 보이지 않았어. 오랜 전쟁으로 양쪽 다 지쳤거든. 그저 시간만 보내고 있었지. 한 번에 끝낼 뭔가가 필요했어.

그래서 내가 생각해 낸 게 목마야. 흔히들 '트로이의 목마'라고 하지. 정확하게 말하면 '오디세우스의 목마'라고 불러야 해. 내가 생각해 낸 거니까.

우리는 성공했어. 목마가 성 안으로 옮겨진 뒤 트로이 군사들이 곯아떨어졌을 때 우린 목마에서 나와 성문을 열고 군대를 성 안으로 들였어. 카산드라와 라오콘의 예언을 듣지 않고 방심한 트로이는 그날 멸망했지.

나는 전쟁이 끝난 것에 감사했어. 하루빨리 집으로 돌아가 아내와 아들을 만나고 싶었지. 그러나 내 소망은 쉽게 이루어지지 않았어. 포세이돈이 나를 놓아주지 않았거든.

남들은 모두 고향으로 돌아갔지만, 나는 다시 10년을 떠돌아다녀야 했어. 호메로스가 쓴 《오디세이아》는 나의 방랑에 대한 이야기야.

난 여기저기를 떠돌았어. 어떤 곳에서는 시비가 붙어 배를 몇 척 잃기도 했고 또 어떤 곳에서는 부하들이 모든 걸 잊게 만드는 로토스라는 과일을 먹어 대서 골머리를 앓기도 했어.

그중에서도 가장 기억에 남는 곳은 외눈박이 괴물 폴리페모스가 사는 섬이었어. 폴리페모스는 포세이돈의 아들로 사람을 잡아먹는 괴물이었어. 난 아무것도 모른 채 열두 명의 부하들과 술 한 부대를 들고 어느 동굴로 들어갔어.

그런데 그 동굴이 폴리페모스의 집이었던 거야. 폴리페모스는 큰 돌로 입구를 막고 부하들을 잡아먹었어. 나는 그에게 술을 주었어. 그는 기분이 좋아졌는지 내 이름을 물었어. 나는 거짓말을 했지.

"우디스."

우티스는 '아무도 아니다'라는 뜻이야.

"우티스, 좋은 이름이군. 내게 술을 줬으니 넌 마지막에 잡아먹겠다. 우정의 표시로."

우리는 외눈박이가 술에 취해 쓰러지자, 나무를 날카롭게 갈아서 불을 붙인 다음 하나밖에 없는 눈을 찔렀어. 폴리페모스는 비명을 지르며 다른 외눈박이들에게 도움을 청했어.

"누가 찌른 거야?"

폴리페모스는 우티스(아무도 아니다)라고 대답했고 도와주러 왔던 다

른 외눈박이들은 아무도 아니라는 말에 그냥 집으로 돌아갔어.

다음 날 아침, 우린 양들이 동굴 밖으로 내보내질 때 그 양들의 배에 매달려 밖으로 나왔어. 무사히 살아나기는 했지만 포세이돈은 자기 아들이 하나밖에 없는 눈을 잃자 몹시 화를 냈어. 그 뒤로 바다에서의 삶은 무척 고달팠지. 포세이돈은 집요하게 우리를 괴롭혔어.

한번은 집 근처까지 간 적이 있었어. 아이올리아라는 섬에서 여러 가지 바람이 들어 있는 가죽 주머니를 얻었는데, 그 주머니의 바람을 이용해 집 근처까지 갔지. 그런데 부하 하나가 그걸 돈 주머니로 오해하여 주머니를 푸는 바람에 다시 아이올리아로 되돌아갔어. 집에 돌아갈 수도 있었는데 정말 아까워!

우리는 식인종들이 사는 라이스트리곤 족의 땅에서 달랑 배 한 척 만 남기고 모든 걸 잃었어. 다른 배에 탔던 부하들은 모두 그들의 저녁 밥이 되었지.

내가 탄 배는 가도 가도 끝이 없는 바다를 떠돌았어. 그리고 마침내 도착한 곳은 태양의 신 헬리오스의 딸이며 마법에 뛰어난 키르케가 사는 섬이었지.

우리는 제비뽑기로 섬에 상륙할 사람을 정했어. 나는 배에 남게 되었어. 22명의 부하들이 섬에 상륙했을 때 키르케가 음료수를 줬는데, 한 명만 빼고 모두 마법에 걸리고 말았어. 돼지, 노새, 사자, 이리 등으로 변했지.

나는 헤르메스에게서 마법에 걸리지 않는 약초를 얻어 키르케를 찾아갔어. 키르케는 내게도 음료수를 권했어.

"한 잔 마셔 봐."

나는 죽 들이켰어. 그런데 아무렇지 않았어. 키르케의 눈이 동그래졌어. 나는 칼을 빼 들고는 부하들을 원래 모습으로 되돌려 놓으라고 명령했어. 키르케는 내 말대로 했고, 우리는 그곳에서 1년 동안 머물렀어. 그 사이 키르케는 내 아들 텔레고노스를 낳았지.

"이제 떠나도록 해. 바다가 끝나는 곳에 가서 앞으로 당신에게 어떤 일이 일어날지 물어봐."

나는 키르케의 충고대로 바다가 끝나는 곳에 가서 해안에 도랑을 파고 술을 따른 뒤, 숫양과 검은색 임깃 새끼 양을 잡아다 하데스와 페르세포네에게 바쳤어.

그러자 그 피를 마시려고 수많은 영혼들이 나타났어. 죽은 내 부하들과 나를 기다리다가 고향에서 자살한 어머니도 나타났지. 하지만 난 그들이 피를 마시지 못하게 말렸어.

마침내 내가 기다리던 예언자 테이레시아스의 망령이 나타났어. 그는 피를 마시고 나서 고향에 돌아갈 수 있는 방법과, 지금 고향에서 어떤 일이 일어나고 있는지에 대해 알려 주었어. 나중에 나타난 아가멤논의 망령은 아내를 조심하라고 충고했지. 불쌍한 아가멤논!

나는 다시 아이아이에 섬으로 가 키르케를 만난 뒤 집으로 향했어. 세

이렌 자매들이 사는 섬을 지날 때는 키르케의 충고대로 부하들의 귀를 밀랍 마개로 막고 내 몸은 배에 묶었어.

"나를 풀어 줘. 명령이야. 얼른 풀어!"

나는 세이렌의 노래를 듣고 미쳐 날뛰었지만 부하들은 내 말을 듣지 못했어. 내가 그 섬을 무사히 통과한 뒤 세이렌 자매는 스스로 목숨을 끊었지. 그들의 노래를 듣고도 그냥 지나가는 사람이 있으면 그들이 죽어야 했거든. 세이렌의 노래를 들은 건 세상에 나 하나밖에 없다고.

스킬라라는 괴물이 사는 섬을 지날 때에는 여섯 명의 부하를 잃었어. 스킬라는 얼굴과 가슴은 여자지만 옆구리에 개의 머리가 여섯 개, 다리가 열두 개 달린 괴물이었어.

그 다음에 들른 섬은 베이네시아스가 경고했던 트리나키아 섬인데, 그곳에는 먹을 게 없었어. 내 경고를 무시하고 헬리오스의 소를 잡아먹은 부하들은 바다로 나오자마자 폭풍에 휘말려 모두 죽었어.

폭풍 때문에 남아 있던 배 한 척마저 부서지고 나만 홀로 오기기아 섬에 도착했어. 이제는 배도 부하도 아무것도 남아 있지 않았어.

오기기아 섬에는 아틀라스의 딸인 칼립소가 혼자 외롭게 살고 있었어. 칼립소는 신들이 먹는 음료를 나에게 먹여 나를 신으로 만들어 함께 살려고 했어. 난 7년이나 그곳에 머물렀어. 칼립소와 영원히 살 수도 있었지만 고향으로 돌아가고 싶은 마음이 점점 더 간절해졌어. 신들은 불쌍한 내 처지를 안타까워했고 마침내 헤르메스가 칼립소를 찾아왔어.

"그를 놓아줄 때가 되었다. 그에게 뗏목 만드는 법을 가르쳐 주어라."

칼립소는 눈물을 흘리며 내게 뗏목 만드는 법을 알려 주었어. 나는 뗏목 하나에 의지해 드넓은 바다로 나섰어. 마침 포세이돈이 에티오피아로 출장 갔다고 아테나가 귀띔해 주었지.

17일 동안 바다에 떠 있었어. 그 사이 포세이돈이 출장에서 돌아와 거센 파도를 보내 내 뗏목을 뒤집어 버렸어. 배도 잃고 부하도 잃고 뗏목까지 잃다니! 난 마음속으로 아테나 여신에게 물었어.

'이제 어떻게 하지요?'

그때 어디선가 갈매기 한 마리가 나타나더니 헤엄을 치라고 말했어. 힘드니까 별 헛것이 다 보이네. 갈매기가 말을 하다니!

물에 빠져 헤엄치지 않으면 죽을 수밖에 없잖아. 난 열심히 헤엄을 쳤어. 그렇게 이틀 만에 섬에 도착했고 정신을 잃었지.

나를 발견한 건 그 섬의 공주인 나우시카였고 왕의 도움으로 꿈에 그리던 고향에 돌아갈 수 있었어. 고향을 떠난 지 30년 만이었지.

그리스의 철학자 플라톤이 쓴 책에 그리스 신화의 영웅들이 죽은 뒤 새로운 삶을 선택한다는 이야기가 나와. 아내에게 살해된 아가멤논은 인간이 싫어 독수리의 삶을 선택했고, 나는 떠도는 것이 싫어 평생 농사지으며 평범하게 사는 농부의 삶을 선택했어. 난 사랑하는 아내랑 아들이랑 조용히 살고 싶어.

"페넬로페! 텔레마코스!"

텔레마코스

>>> **프로필**
특징 이타케의 왕
출생 오디세우스와 페넬로페의 아들
배우자 키르케, 나우시카 등
※ 배우자에 대해서는 여러 가지 설이 있음

아버지 오디세우스가 트로이 전쟁에 참가하기 위해 떠난 지도 벌써 30년이 되었어. 다른 사람들은 10년 전에 이미 돌아왔는데 아버지는 도대체 어디서 뭘 하고 있는 거야?

나는 아버지를 찾기 위해 세상을 떠돌았지만 아버지를 봤다는 사람은 만나지 못했어. 사실 나는 아버지의 얼굴도 몰라. 갓난아기 때 어머니와 나를 남겨 두고 트로이로 떠났으니까. 하지만 나 때문에 전쟁에 참가했다는 말을 들었을 땐 코끝이 찡했어.

며칠 전 궁전에서 돼지를 기르는 에우마이오스가 나에게 집으로 돌아오라는 전갈을 보냈어. 급한 일이라고 했어.

서둘러 돌아갔더니 어떤 거지 하나가 내 손을 붙잡았어. 에이, 더럽게! 내가 손을 뿌리치자 이번에는 나를 포옹했어. 아, 돼지우리보다 더 고약한 냄새라니!

"네가 텔레마코스냐?"

그는 내 아버지였어. 난생처음 만난 나의 아버지는 아테나 여신의 충고에 따라 거지꼴을 하고 고향으로 돌아온 거야.

집에는 어머니 페넬로페에게 결혼 신청을 한 무려 113명의 남자들이 진을 치고 있었어. 그 자리에 나타나면 아버지는 아마 죽게 될지도 몰라. 다행히 아버지는 일찌감치 아테나에게 집안 사정을 모두 들어 알고 있었어. 역시 아테나는 지혜로워.

"이제 불청객들을 모두 쫓아내야지."

사실 집안은 엉망이었어. 113명의 구혼자들이 살림살이를 모두 거덜내고 있었거든. 아버지는 거지꼴을 하고 그들에게 구걸을 했어. 그들은 아버지한테 욕을 하거나 심지어 때리기까지 했어.

그때 어머니가 나타나 거지를 불러들였어. 어머니는 거지에게 밥을 주고 아버지의 소식을 물었어. 아버지는 정체를 숨기고 이렇게 말했어.

"만난 적은 있습니다. 곧 돌아온다고 하던데요."

그 말에 어머니는 기대에 찬 눈빛으로 모두에게 선포했어.

"경기를 열겠어요. 거기서 우승하는 사람과 결혼할게요. 경기에는 누구나 참가할 수 있어요."

나란히 늘어세운 도끼머리에 난 구멍을 화살 하나로 꿰뚫어야 하는 아주 어려운 경기였어. 경기에 참가하는 사람들은 무기를 모두 맡기고 한 명씩 경기에 참가했어. 하지만 과녁을 맞히기는커녕 제대로 활을 당기는 사람조차 없었어. 아버지의 활은 아무도 쏠 수 없는 아주 강한 활이

었거든.

　마지막에 거지꼴을 한 아버지가 나섰어. 구혼자들은 반대했지만 내가 기회를 줘야 한다고 강력하게 주장했어. 구혼자들은 비웃었지.

　거지꼴을 한 아버지가 활을 당기자 화살이 열두 개의 도끼머리를 꿰뚫었어. 나는 재빨리 문을 닫았고, 아버지는 화살을 쏘아 한 명씩 죽이기 시작했어. 변장한 아테나가 나타나 우리를 도왔어. 순식간에 집 안이 피바다가 되었지.

　"주인님이 돌아오셨어요."

　유모가 변장한 오디세우스를 알아보고 어머니에게 알렸어. 하지만 어머니의 표정은 변하지 않았어. 어머니는 하녀에게 이렇게 말했어.

　"주인이 돌아왔으니 침대를 옮겨라."

　그러자 아버지가 웃으며 나무뿌리로 만든 침대를 어떻게 옮기느냐고 말했어. 그 순간 어머니의 눈에서 눈물이 흘러내렸어. 그러고는 곧장 달려가 아버지 품에 안겼지. 참으로 긴 세월이었어.

　어머니 페넬로페는 구혼자들과 결혼하지 않으려고 온갖 핑계를 다 댔어. 아버지의 수의를 다 짜면 결혼하겠다고 말한 뒤 낮에는 수의를 짜고 밤이 되면 몰래 풀기를 되풀이했지. 그렇게 30년을 기다렸어. 그리고 마지막에 침대를 가지고 진짜 아버지가 맞는지 확인한 거야.

　목욕을 하고 새 옷을 입은 아버지는 딴사람이 되었어. 아테나 여신이 아버지를 젊게 만들어 주었거든.

얼마 후 죽은 구혼자들의 가족이 군대를 이끌고 나타났어. 막 싸움이 벌어지려는 찰나 하늘에서 엄청난 고함 소리가 들리며 아테나 여신이 나타났어.

"내가 사랑하는 오디세우스를 건드리는 자는 누구든 살아남지 못할 것이다."

군대는 혼비백산해서 뿔뿔이 흩어졌어. 아버지는 신들에게 제물을 바쳤어. 포세이돈에게는 따로 제물을 바쳐 그동안의 앙금을 풀었지.

앞에서도 보았듯이 아버지는 세이렌의 노래를 들은 유일한 사람이야. 신들의 세계를 알고 그들과 교류했던 마지막 사람이기도 하지. 그 뒤로 신들은 더 이상 인간들과 어울리지 않았거든. 아버지는 신들과 함께 한 그리스의 마지막 영웅이었지.

그리스 로마 신화는 아버지(오디세우스)와 함께 대단원의 막을 내려. 훗날 그리스의 패권(으뜸의 자리를 차지하여 누리는 힘)은 대제국을 건설한 로마로 넘어가는데, 그 로마를 세운 민족이 트로이의 후손이야.

아이네이아스

>>> **프로필**
특징 트로이의 영웅
로마 이름 아이네아스
출생 안키세스와 아프로디테의 아들
배우자 크레우사
자녀 아스카니우스

로마의 건국 신화는 두 가지가 있어. 하나는 이리의 젖을 먹고 자란 로물루스와 레무스가 세웠다는 것이고, 다른 하나는 바로 나의 이야기야. 로마의 귀족들은 내 이야기를 더 좋아했어. 이리의 후손보다는 트로이의 후손이 더 폼 나잖아?

나는 안키세스의 아들 아이네이아스야. 우리는 트로이를 세운 트로스의 후손이지. 내 어머니는 아프로디테이고. 아프로디테가 나를 낳은 데에는 재미난 사연이 있어.

어머니에게는 마법의 띠가 있는데, 거기에 걸려들면 제우스도 피할 길이 없어. 에로스의 화살과 비슷해서 사랑에서 벗어날 수 없지.

한번은 제우스가 걸려들었는데, 그 사실을 안 제우스는 화가 나서 어머니를 인간 남자와 사랑에 빠지게 해 버렸어. 똑같이 당해 보라는 심보였지. 그때 태어난 아이가 나야.

트로이 전쟁에서 살아남은 트로이의 후손은 카산드라와 나의 아버지 그리고 나뿐이라고 했지? 나는 아버지를 업고 트로이를 떠났어. 살 곳을 잃은 많은 트로이 백성들이 우리 뒤를 따랐지.

가면서 수십 번도 더 뒤를 돌아보았어. 이제는 망하고 불타 버린 도시, 트로이. 우리는 여러 곳을 떠돌다가 어디로 가야 할지 묻기 위해 델포이에 가서 신탁을 했어.

"조상들의 땅으로 가거라."

나는 우리 조상이 크레타에서 왔다는 걸 기억해 내고는 크레타로 갔어. 하지만 전염병이 돌고 곡식이 익지 않아 살 수가 없었지. 그러던 어느 날, 잠을 자는데 꿈에서 동쪽으로 가라는 말을 들었어. 알고 보니 우리 조상이 온 곳은 크레타가 아니라 이탈리아였던 거야.

나는 나를 따르는 트로이 백성들과 온갖 고생을 한 끝에 이탈리아로 갔어. 그런데 거기에는 하르피아가 살고 있었어. 하르피아는 상체는 여자, 하체는 새인 괴물로 항상 굶주림에 시달리고 있었어. 아르고 원정대에게 쫓겨난 뒤 이탈리아로 건너온 거지. 우리는 하르피아를 쫓아냈어.

"배가 고파서 식탁까지 먹어 치우기 전에는 나라를 세울 수 없을 것이다!"

하르피아는 우리에게 저주를 내리고 사라졌어. 아무리 배가 고파도 그렇지 어떻게 식탁을 먹어?

우리가 아프로디테 신전에 도착했을 때 아버지가 세상을 떠났어. 그곳도 우리가 쉴 곳이 못 된다고 생각했어. 우린 다시 길을 떠났지.

우리는 헥토르의 아내가 다스리는 나라에 들러 잠시 쉬었어. 그런 다음 오디세우스가 들렀던 외눈박이 괴물이 사는 섬에 갔는데, 그들한테서 심한 공격을 당했어. 종로에서 뺨 맞고 한강 가서 화풀이 한다더니 오디세우스에게 당한 복수를 우리에게 한 거야.

게다가 무서운 여신이 우리를 따라다녔어. 헤라였지. 그녀는 트로이가 멸망했는데도 우리를 향한 복수의 칼날을 거두지 않았어. 우리는 어디를 가도 쉴 수가 없었어. 헤라의 이름만 들어도 이가 갈릴 정도였지.

헤라는 아이올로스에게 바람을 일으키게 해서 우리를 아프리카까지 날아가게 만들었어. 아이올로스는 오디세우스에게 바람 주머니를 주었던 사람이야.

헤라가 바다에 강한 바람을 일으키자 포세이돈이 화를 내며 우리가 해안에 무사히 도착할 수 있게 도와주었어. 헤라는 병을 주고 포세이돈은 약을 준 셈이지. 우리가 무슨 장난감도 아니고. 병도 약도 필요 없어. 그저 편하게 살 수 있게만 해 달라고!

나는 아프리카 해안에서 디도라는 여왕을 만났어. 훗날 로마와 지중해의 패권을 다투었던 도시 국가 카르타고의 여왕이었지.

헤라는 나를 디도와 결혼시켜 이탈리아로 가지 못하게 하려고 했어. 어머니인 아프로디테도 내가 편하게 살기를 바랐기 때문에 헤라의 뜻에 찬성했지. 나는 디도와 행복한 시간을 보냈어.

하지만 내 마음속에는 조상의 땅으로 돌아가야 한다는 생각이 남아 있었어. 나는 매달리는 디도를 떼어 놓고 다시 이탈리아로 갔지.

난 예언자 시빌레의 도움을 받아 황금 가지에 불을 밝히고 저승으로 내려갔어. 그곳에서 많은 망령들을 만났지. 이미 세상을 떠난 디도는 나를 보더니 고개를 돌렸어. 마음이 아팠어. 그곳에서 난 아버지도 만났어. 아버지는 내게 이렇게 말했어.

"너의 후손들은 세계를 호령하는 대제국을 세울 것이다."

내 가슴은 다시 희망으로 가득 찼어. 나는 시빌레와 함께 지상으로 돌아왔어. 우리는 강가에 앉아 식사를 했는데, 너무 배가 고파서 식탁으로 썼던 편평한 빵까지 모두 먹어 치웠어. 그때 하르피아의 예언이 퍼뜩 떠올랐지.

그곳은 라티품이라는 나라였어. 라티품의 왕은 자신의 외동딸인 라비니아를 이방인과 결혼시켜야 한다는 신탁을 받은 터라 나를 몹시 환영했어.

나는 헤라의 집요한 방해 작전을 이겨 내고 라비니아와 결혼해 새 나라를 세웠어. 나라 이름은 아내의 이름을 따서 라비니움이라고 지었지.

이제 헤라라면 지긋지긋해. 헤라와 관계된 것이라면 그 어떤 것도 떠올리고 싶지 않아. 그래서 그리스의 말과 관습을 모두 버리고 이탈리아의 것을 쓰기로 했어. 그리고 오랜 세월이 흐른 뒤 로물루스가 그곳에 로마를 세웠지.

로마는 하루아침에 세워진 것이 아니야.

넓고 깊게 신화 읽기

트로이의 유적

　불화의 여신이 던진 황금 사과로 시작된 트로이 전쟁은 그리스 로마 신화에서도 가장 흥미로운 부분입니다. 트로이 전쟁은 그리스 로마 신화에 나오는 많은 신들과 영웅들이 한자리에 모여 전쟁을 벌인 이야기입니다. 이야기 속에는 사랑과 질투, 영웅들의 모험과 갈등, 신들의 편 가르기까지 마구 얽혀 있어 읽는 내내 손에 땀을 쥐게 만듭니다.

　트로이 지역은 오늘날의 터키에 해당합니다. 앞에서 보았듯이 그리스는 지금의 터키를 포함한 소아시아와 스페인, 프랑스까지 영토를 넓혀 왕성하게 활약했기 때문에 트로이가 지금의 터키에 있다고 해서 이상할 것은 없습니다.

　그런데 트로이 전쟁은 진짜 있었던 일일까요? 독일 사람인 하인리히 슐리만은 어릴 때부터 그리스 로마 신화를 많이 듣고 읽었습니다. 그는 다른 사람들과 달리 트로이 전쟁이 실제로 일어난 사건이라고 믿었지요. 그는 어른이 되어서도 그 믿음을 잃지 않았고 돈을 많이 벌자 어릴 때부터 간직해 온 꿈을 이루기 위해 트로이로 달려갔습니다. 트로이 유적을 발굴해서 트로이 전쟁이 실제로 일어난 사건임을 밝히겠다는 생각이었지요. 하지만 사람들은 그런 슐리만을 비웃었습니다.

　그러나 슐리만은 아랑곳하지 않고 트로이 전쟁이 있었을 것으로 짐작되는 곳을 발굴하기 시작했습니다. 그리고 여러 번의 시행착오 끝에 마침내 트로이 전쟁이

프리아모스 왕의 죽음 트로이 전쟁 당시 트로이의 마지막 왕이었던 프리아모스의 죽음을 그린 작품이다.

남긴 유적을 찾아냈지요. 지금까지 밝혀진 바에 따르면 트로이에는 무려 아홉 개의 서로 다른 문명이 있었다고 합니다. 하나의 문명이 세워졌다가 망하고 그 위에 다른 문명이 세워지기를 아홉 번 반복했다는 뜻이지요.

하지만 슐리만은 훗날 많은 비난을 받았습니다. 트로이 유적을 찾기 위해 다른 유적들을 마구 파헤쳤기 때문입니다. 그럼에도 불구하고 트로이 전쟁이 실제로 있었던 사건임을 세상에 알린 것은 대단한 일이었습니다. 슐리만의 발굴은 세계에 큰 충격을 주었지요.

슐리만의 발굴 이후 곳곳에서 고대 문명에 대한 발굴 작업이 속속 이어졌습니다. 그러면서 신화 속 이야기인 줄만 알았던 고대 문명의 흔적이 하나둘 세상에 모습을 드러냈지요.

신이라는 거울을 통해 비춰 본
인간들의 이야기

마치며

지금까지 신들의 탄생에서 영웅들의 죽음까지 복잡하고 긴 그리스 로마 신화의 세계를 살펴보았습니다. 신화의 세계를 여행한 여러분의 느낌이 어떤지 궁금합니다.

신화는 인간과 신들이 어울려 사는 이야기입니다. 보다 정확하게 말하면 신들의 이야기라기보다 우리 인간들의 이야기라고 할 수 있습니다. 우리가 무엇을 하며 어떻게 살아야 하는지 신이라는 거울을 통해 비춰 보는 것입니다. 예를 들어 매년 사납고 거친 바람이 불던 겨울이 끝나면 어김없이 따스한 바람이 부는 봄이 찾아옵니다. 과학에서는 봄이 지구의 자전과 공전에 의해 찾아온다고 설명하지요. 맞는 말입니다. 지구가 태양의 주위를 한 바퀴 돌면 봄이 찾아오니까요.

그런데 과학은 왜 봄이 되면 마음이 설레고 심장이 펄떡펄떡 뛰는지는 알려 주지 않습니다. 반면 그리스 로마 신화는 페르세포네의 이야기를 통해 봄이 왜 아름답고 우리의 마음을 설레게 하는지 설명해 줍니다.

앞에서 보았듯이 페르세포네는 저승의 왕 하데스에 의해 납치를 당합니다. 페르세포네의 어머니이며 대지의 여신인 데메테르는 슬픔에 잠겨 세상을 떠돌며 딸을 찾아다닙니다. 결국 페르세포네가 저승에 있음이 밝혀지고 제우스의 중재로 1년의 3분의 1은 저승에, 나머지 3분의 2는 어머니가 있는 이승에서 살기로 합니다.

페르세포네가 저승에 머무는 시간이 겨울입니다. 페르세포네가 저승으로 갈 때가 되면 대지의 여신은 슬픔에 잠기고 그에 따라 대지 또한 슬픔에 잠겨 나무는 낙엽을 떨어뜨리고 풀들은 마릅니다.

　한편 페르세포네가 돌아올 때면 어머니가 딸을 맞이하는 설렘과 기쁨처럼 대지는 봄을 준비합니다. 그리고 페르세포네가 이승으로 돌아오면 세상에는 드디어 환한 봄이 찾아오고 꽃들은 한껏 꽃망울을 터뜨립니다. 세상이 이러니 우리의 마음은 어떻겠습니까? 설레고 들뜰 수밖에 없겠지요.

　신화와 과학의 설명 방법은 이렇게 다릅니다. 그렇다고 해서 신화가 과학보다 더 뛰어나다고 말하는 것은 아닙니다. 과학은 과학의 방법이 있고 신화는 신화의 방법이 있다는 뜻이지요.

　그리스 로마 신화는 그리스를 어머니로 삼고 있는 서양 문명의 뿌리라고 믿합니다. 그리스도교를 잉태한 헤브라이즘(고대 이스라엘의 종교인 구약성서에 뿌리를 둔 사상)과 함께 서양 문명의 밑바닥이 되는 생각입니다. 좀 어려운 말로 하면 '세계관'이라고 하지요.

　물론 우리도 우리의 '세계관'이 있을 겁니다. 교통이 편리해지고 인터넷 등이 발달하면서 세계가 서로 구별하기 힘들 정도로 가까워졌지만 바탕이 되는 '세계관'은 분명히 있고 조금씩 다릅니다. 세상을 바라보는 눈이 조금 다르다는 뜻이지요.

　훗날 기회가 되면 우리 신화를 통해 우리의 세계관을 살펴보는 것도 좋겠다고 생각해 봅니다. 그 여행도 여러분과 함께 할 수 있기를 기대합니다.

이경덕

그리스 로마 신화
신과 영웅 찾아보기

가니메데스 278

가이아 9, 11, 15, 16, 19, 71, 77~81, 85, 91, 194

게리온 183, 190, 191

겔라노르 164

고르곤 177

고르티스 219

그라이아이 173

글라우케 134

글라우코스 94, 114, 119, 306

기가스 71, 77, 79, 80, 178, 189

기간테스 77

나우시카 336, 337

나우크라테 203, 212, 216

네레우스 27, 281

네소스 197, 198

네오프톨레모스 295

네펠레 110, 111, 113

넵투누스 24

니소스 211

닉테이스 229

님프 37, 38

다나에 155, 169, 171, 172, 175, 240

다나오스 155, 159, 160, 164, 165, 175, 204

다르다노스 277, 278

다이달로스 203, 212, 215, 216, 218~220

다프네 34

데메테르 9, 16, 20, 29, 31, 350

데모폰 222, 262, 324

데우칼리온 71, 72, 89, 91, 94, 96, 97, 114, 209, 257

데이다메이아 295

데이모스 53, 62

데이아네이라 182, 197

데이온 97

데이포보스 313

델로스 33, 36, 38

델피네 84

도로스 36, 96, 97

도리스 27, 281

드리아스 103

디도 345, 346

디아나 37

디오네 9, 53

디오니소스 9, 32, 62, 64, 222, 234, 236~239, 250, 251

디오메데 97

디오메데스 183, 188

딕티스 172, 175

라다만티스 203~207, 219, 221

라돈 194

라비니아 346

라에르테스 289

라오다메이아 119

라오도코스 36

라오디케 306

라오메돈 277~279, 303, 305, 306

라오콘 321, 328

라이오스 229, 240~245

레다 276, 286

레무스 342

레아 9, 15~20, 24, 28, 66

레아르코스 113

레우카네 155, 156

레토 9, 33, 37, 314

로물루스 342, 346

로이오 36

리노스 36

리르노스 277

리비에 155, 159, 203

리시마케 306

리시페 95, 125, 165, 168

리카온 62, 306

리코메데스 273, 297

리코스 179

린케우스 137, 155, 162, 165

마그네스 97

마르스 62

마이아 9, 57

마이온 246

마카리아 178, 182

만티오스 125

메가라 178, 182, 211

메가이라 327

메가펜테스 165

메넬라오스 285, 286, 291, 299, 314, 323, 324

메다 182

메데이아 95, 134, 141, 146~151, 206, 211, 222, 258, 259, 265, 266

메데이오스 95

메도스 258

메두사 26, 49, 119, 124, 171~177, 194, 256

메로페 114

메르메로스 141

메르쿠리우스 57

메타 258

메티스 9, 18, 20, 22, 46, 240

메티아두사 253

메티온 258

멜라니온 107

멜람푸스 95, 125, 129, 134, 167, 168

멜레아그로스 95, 102, 105, 107, 110, 197

멜리아 156

멜리케르테스 113

멤피스 155, 159

몹소스 36

므네모시네 15

미네르바 46

미노스 92, 186~188, 202~209, 212~215, 219~222, 225, 226, 259, 261, 266, 309

미노타우로스 137, 203, 211~214, 222, 226, 266

밀레토스 36, 206, 207

바쿠스 64

바티에이아 277

베누스 53

벨레로스 121

벨레로폰 94, 119, 121, 125, 126, 165, 216

벨레로폰테스 119

벨로스 155, 159, 160, 203, 204

불카누스 50

브리세이스 300, 302

비아스 126, 127

사르페돈 203~207, 221, 309, 317

사투르누스 16

살모네우스 97
세멜레 9, 64, 66, 228, 230, 234
세이렌 147, 328, 332, 334, 341
스카만드리오스 307
스키론 263
스킬라 334
스타필로스 64
스테네보이아 165, 168
스테노 177
스트리모 277, 303
스핑크스 243~245
시니스 263
시빌레 346
시시포스 94, 97, 114, 118, 119, 125, 126, 129, 133, 162, 289
아가멤논 276, 291, 298, 299, 302, 305, 309, 320, 323~325, 332, 336
아가베 228, 230, 239
아게노르 159, 203, 204, 228, 230
아글라이아 165, 169
아낙시비아 133
아니오스 36

아드메토스 95, 129, 134, 151, 178, 181
아레스 9, 52, 53, 60~62, 103, 111, 117, 141, 144, 188, 232, 233, 285
아레투사 38, 194
아르고스 137, 154~159, 177, 204
아르달로스 50
아르테미스 9, 33, 34, 38~41, 49, 80, 102, 103, 106, 107, 130, 185, 225, 239, 254, 283, 314
아리스베 303, 306
아리스타이오스 33, 36
아리스토데메 306
아리아드네 64, 203, 214, 222, 266
아미코스 138
아미타온 95, 125
아바스 125, 165, 169
아사라코스 277
아소포스 114, 232
아스카니우스 342
아스클레피오스 9, 33, 36, 42, 129, 134
아스테리아 33
아스테리오스 208, 221

아스티다메이아 155, 182

아스티아낙스 307

아스티오케 182, 277, 278

아시아 71, 72

아에로페 299

아우게 182

아우게이아스 183, 186, 191

아우토노에 182, 228, 230

아우톨리코스 57, 118

아이글레 194

아이게우스 149, 151, 253, 258, 261, 262, 265~268

아이기스토스 302, 325

아이깁토스 155, 159~162, 175, 204

아이네이아스 32, 277, 323, 327, 342

아이사코스 306

아이손 95, 134

아이아스 324

아이에테스 141, 146, 151

아이올로스 94, 96~98, 110, 114, 345

아이트라 253, 258, 261, 262

아카마스 222, 262

아카이오스 97

아켈로오스 197

아크리시오스 155, 165~169, 175

아킬레우스 76, 276, 281, 282, 294, 295, 298, 300~311, 314~316, 319~321, 324, 328

아타마스 94, 97, 110, 113

아탈란테 95, 103~105

아테나 9, 26, 42, 46, 49, 52, 66, 71, 72, 79, 86, 107, 119, 162, 173, 178, 181, 186, 201 211, 215, 232, 233, 252·257, 259~261, 268, 275, 283, 285, 289, 311, 312, 317~319, 321, 324, 325, 336, 338, 340, 341

아트레우스 299

아틀라스 57, 191, 192, 278, 334

아폴로 33

아폴론 9, 32, 33, 36, 37, 38, 42, 45, 55~57, 59~62, 66, 67, 80, 98, 126, 129~133, 178, 181, 189, 195, 206, 300, 313~316, 320, 321

아프로디테 9, 14, 50~55, 62, 86, 109, 137,

225, 232, 233, 277, 283, 285, 312~314,
342~345

악타이온 41, 239

안드로마케 307

안드로메다 155, 172, 175

안키노에 155, 160

안키세스 277, 323, 342

안티고네 229, 240, 246, 249, 269

안티오페 262

안티클레이아 289

안티파테스 125

안틸레온 178

알렉산드로스 93, 96, 152, 153, 312

알렉토 327

알카이오스 155

알케스티스 129, 133

알케이데스 181

알크메네 79, 155, 178, 219

알키메데 95, 134

알키오네 79, 94, 97~101

알키오네우스 79, 80

알키페 203, 212

알타이아 102

알페이오스 37, 38

암피트리온 155, 178

암피트리테 24, 26, 27, 281, 283

암픽티온 89, 257

압시르토스 146

에나레테 94, 97, 98, 110, 114

에렉테우스 253, 258

에로스 53, 55, 66, 342

에리니스 327

에리니에스 327

에리트로스 219

에릭토니오스 46, 252, 253, 254, 257, 258,
277, 278

에오스 305, 306

에오스포로스 94, 98

에우로페 64, 66, 202, 203, 208, 209, 219,
226, 228, 230~232, 234, 235, 309

에우리노메 94, 119

에우리디케 169, 277

에우리스테우스 181, 188, 191~195

에우리알레 177

에우마이오스 337

에우팔라모스 203, 212

에우페로스 140

에이드메네 95, 125

에키드나 81

에키온 228, 237

에테오클레스 240, 246

에파포스 155, 156, 159

에피메테우스 86~89

에피오네 42

엘렉트라 277, 278, 299, 325

오디세우스 49, 276, 288, 289, 292, 297, 298, 323, 327, 328, 337, 340, 341, 345

오레스테스 276, 299, 302, 324

오르니티온 114

오르세이스 94, 96, 97

오르트로스 81

오르페우스 28, 32, 36, 137, 147

오리온 38, 40

오이네우스 102, 103

오이노네 312

오이디푸스 229, 241, 245~249, 269, 312, 325

오케아노스 15, 24, 27, 156

옴팔레 182

우라노스 9, 10~16, 22, 53, 71, 77

우라니아 36

울릭세스 289

유피테르 20

이나코스 156

이노 72, 110~113, 140, 204, 228, 230, 312

이다스 102, 137

이디이아 141

이스메네 240

이아소스 95, 107, 155, 156

이아손 95, 103, 134, 135, 141~151, 232, 245, 259

이아시온 278

이아페토스 15, 71, 72

이오 155, 156, 160, 206, 234

이오바테스 121, 123

이오카스테 229, 240, 243, 245, 246

이온 97

이카로스 203, 212, 215~218

이카리오스 218, 240, 276, 292

이피게네이아 299, 302, 325

이피노에 168

이피아나사 168

이피클레스 103

일로스 277~280

제우스 9~68, 72, 74~79, 82~91, 99~102, 114, 117, 123, 124, 129, 138, 155~159, 162, 171, 172, 178, 189~191, 195, 199~211, 219, 226, 228, 232~236, 240, 261, 269, 276~278, 281~285, 287, 288, 295, 298, 305, 309, 313, 314, 317, 342, 350

카나케 97

카드모스 64, 66, 113, 143, 204, 228~230, 233, 234, 237, 239, 245, 278, 282

카산드라 34, 36, 277, 279, 303, 306, 313, 320, 325, 328, 342

카스토르 103, 137, 288

카시오페이아 281

카트레우스 209

칼리로에 277, 278

칼리케 97

칼립소 328, 334, 336

칼키오페 182, 258

케르베로스 183, 192~194

케르키온 263

케이론 42

케익스 94, 98~101

케크로프스 253, 256

케클로프스 258

케토 177

켄타우로스 42, 134, 185, 197, 269

코로니스 34, 36, 42

코리반테스 36

코리토스 312

코이오스 15

콜리티네스 263

크라나오스 257

크레온 243, 246~249

크레우사 97, 149, 306, 342

크레테우스 95, 97, 125, 129, 134

크로노스 9, 12~15, 20, 24, 28, 53, 72, 77, 169, 202, 240

크리세스 300

크리세이스 300, 302

크리오스 15

크수토스 96, 97

클레오파트라 102

클리타임네스트라 276, 288, 291, 299, 300, 302, 324

키레네 36

키르케 146, 331~334, 337

키마이라 81, 121

키클로프스 9, 12, 18, 45, 129

킬릭스 204

탄탈로스 302

탈로스 147, 149, 191, 206

탈리아 36

테미스 15

테미스토 110, 113

테살로스 134

테세우스 32, 103, 137, 151, 188, 214, 222~225, 246, 253, 258, 261, 262, 269, 273, 285, 324

테스피오스 178, 182

테이레시아스 249, 332, 334

테이아 15

테티스 15, 27, 76, 156, 233, 276, 281, 295, 305, 309, 324

텔레고노스 289, 332

텔레마코스 276, 289, 292, 294, 335~337

텔레파사 203, 204, 228, 230

텔루스 11

토아스 64

트로스 277~280, 342

트로일로스 36

티로 95

티사메노스 324

티시포네 327

티탄 12, 15, 18, 20, 23, 24, 31, 34, 36, 57, 72, 111, 156

티토노스 305

티티오스 34

티폰 71, 81~85, 178, 183, 192

틴다레오스 276, 286, 288, 291, 292

파르테노파이오스 107

파르테노페 182

파리스 277, 279, 283~288, 292, 299, 303, 306, 307, 311, 312, 317

파시파에 203, 209, 211, 212, 222

파이드라 203, 221, 222, 225, 262

파트로클로스 309

판도라 71, 86~89, 103, 256

판도로스 258

판드로소스 256

판디온 253, 254, 258

팔라메데스 292, 294

페가소스 119~124, 175, 177, 216

페넬로페 276, 289·292, 335·340

페레스 95, 129, 141

페로 126, 128

페르세스 172

페르세우스 124, 155, 171, 177

페르세포네 9, 28~31, 133, 269, 332, 350, 351

페리메데 97

페리보이아 276

페리에레스 97

페리클리메네 95, 129

페리페테스 50, 263

페이리토오스 269~273

페이시디케 97

펜테우스 228, 237

펠레우스 134, 149, 233, 276, 281, 295

펠리아스 133

포르피리온 79, 80

포르키스 177

포보스 53, 62, 313

포세이돈 9, 16, 20~28, 38, 80, 119, 120, 155, 159, 173, 186~189, 203, 209, 212, 252, 261, 281, 307, 321, 328~331, 336, 341, 345

포이닉스 204

포이베 15

폴로스 185

폴리네이케스 240, 246

폴리데우케스 103, 137, 138, 287, 288

폴리도로스 229, 230

폴리메돈 306

폴리보스 240, 241

폴리페모스 328, 329

폴리포이테스 36

폴릭세네 306

프락시테아 253, 254

프로노이아 71, 72, 89

프로메테우스 23, 70~72, 86, 88, 89, 114, 117, 125, 126, 131, 138, 190~192, 282, 319

프로이토스 121, 155, 165, 168~171, 175, 179

프로이티데스 168

프로크루스테스 263, 265

프리아모스 36, 277, 279, 286, 303, 306, 307, 312, 313, 320, 349

프릭소스 110~113, 135

플루토 28

피네우스 138, 140

피라 86, 89, 91, 94~97, 257

피라코스 126, 127

피시케 55

피테우스 259, 261

피티아 36

필라코스 95

필로노에 94, 119, 123

필로니스 94, 98

필리아 253, 258

하데스 9, 11, 16, 20~22, 24, 28, 31, 45, 106, 117, 131, 183, 190, 192~194, 271, 332, 350

하르모니아 53, 62, 228, 230, 232~234, 278

하르피아 138, 343, 346

하이몬 229, 246~249

헤라 9, 16, 20~23, 33, 46, 50, 60, 62, 66, 67, 80, 99, 101, 111, 135, 137, 156~159, 168, 178~181, 185, 189, 194, 195, 199, 236, 283~286, 312, 317, 319, 345, 346

헤라클레스 60, 69, 77~80, 103, 131, 133, 134, 137, 138, 155, 162, 164, 177, 181~183, 191, 195, 199, 245, 262, 271, 278, 279, 305

헤르마프로디토스 56, 57

헤르메스 9, 32, 55, 57, 84, 86, 111, 158, 162, 174, 178, 332, 334

헤르미오네 286, 324

헤르쿨리스 178

헤베 182, 199

헤스티아 9, 16, 20

헤스페라레투사 194

헤스페리아 194

헤스페리데스 183, 191, 194

헤시오네 305

헤카베 36, 277, 303, 306, 307, 312, 320

헤카테 141, 143, 146

헤카톤케이르 9, 11, 12, 18, 22

헤파이스토스 9, 46, 48, 50, 53, 67, 71, 80, 86, 137, 143, 178, 186, 215, 233, 252~257, 263, 295, 305, 309

헥토르 277, 279, 303, 306, 307, 314, 316, 320, 321, 328, 345

헬레 110, 111, 113

헬레네 137, 269, 271, 276, 285, 286, 289~292, 299, 300, 303, 307, 311~316, 319, 323

헬레이오스 172

헬렌 89, 94~98, 102, 110, 114

헬리오스 31, 34, 111, 331, 334, 141

히드라 81, 183, 185, 191

히아킨토스 34

히에롬네메 277

히페름네스트라 155, 160, 162, 165

히페리온 15

히포다마스 306

히포메네스 107, 109

히폴로코스 119

히폴리테 183, 188, 189

히폴리토스 223, 225

힙노스 121

힙세우스 113